AF470426

# G. COURBET

## SA VIE

## ET SES ŒUVRES

Par A. ESTIGNARD

*Illustré de 22 Phototypies*

DE LA

MAISON DELAGRANGE ET MAGNUS A BESANÇON

BESANÇON

DELAGRANGE & MAGNUS, EDITEURS

49, Rue Bersot, 49

MDCCCLXXXXVII

# GUSTAVE COURBET 

# COURBET

—

## SA VIE, SES ŒUVRES

PAR A. ESTIGNARD

—

Illustré de 22 Phototypies

DE LA

MAISON DELAGRANGE & MAGNUS A BESANÇON

BESANÇON

TYPOGRAPHIE ET LITHOGRAPHIE DELAGRANGE-LOUYS

49, Rue Bersot, 49

—

MDCCCLXXXXVI

# GALERIE

DES

# PEINTRES COMTOIS

PAR A. ESTIGNARD

*Il y a six mois nous avons publié une vie détaillée de Jean Gigoux.*

*Pour donner à ce livre une forme plus attrayante, nous avons cru nécessaire de reproduire par la phototypie les tableaux les plus en renom de l'éminent artiste.*

*Le livre a été accueilli avec une faveur marquée, et le succès a couronné nos efforts.*

*Cette publication n'était qu'un premier et timide essai.*

*Ce que nous voulons offrir au public, ce n'est pas un volume isolé, c'est une galerie des peintres comtois.*

*Gigoux n'est que le premier volume de cette œuvre importante.*

*Le second est destiné à Courbet et sera, comme le premier, orné de vingt-deux phototypies de ses principaux tableaux.*

Le troisième contiendra une étude sur le sculpteur Clésinger.

Dans le quatrième figureront Faustin Besson et Henri Baron.

Le cinquième sera consacré à Adrien Paris et fera revivre la splendide collection recueillie par lui en Italie ; il remettra en lumière les dessins de Natoire, de Vincent, de Houdon, de Saint-Aubin, d'Hubert Robert et des principaux maîtres du dix-huitième siècle.

Tous les peintres, tous les sculpteurs de quelque renom, et appartenant à notre province, prendront place dans cette galerie comtoise.

Quand partout la statuette vient populariser les chefs-d'œuvre de la sculpture, quand le pauvre veut avoir sur sa cheminée au lieu des lourds ornements d'un autre âge, la Vénus de Milo, ou le Tireur d'épines, quand l'art pénètre sous toutes les formes dans les salons et les mansardes, le livre ne doit-il aussi secouer son antique gravité ?

En Allemagne le gouvernement publie la vie et les œuvres de tous les peintres ayant quelque notoriété ; c'est ce travail que j'entreprends pour mes compatriotes de Franche-Comté.

# GUSTAVE COURBET

# GUSTAVE COURBET

1819-1877

Voici un artiste à la popularité tapageuse, dont les œuvres ont soulevé autant de dénigrements passionnés que d'admirations enthousiastes qui du premier au dernier jour a marché dans la vie, escorté de bruit, entre deux haies de clameurs contraires. Ses admirateurs l'ont placé au-dessus du Titien et de Rubens ; ses adversaires l'ont déclaré le dernier des barbouilleurs, charlatan grossier et sans valeur. Ballotté par bien des orages, contesté, bafoué, renié par ses amis après la Commune, mais toujours plein de confiance en lui-même, il a fini, malgré les fluctations de l'opinion, par sortir victorieux de la lutte et par s'imposer au respect de ses détracteurs. Sans doute, sa réputation restera pour quelques-uns d'entre eux équivoque, contestée ; son talent gardera une tache originelle de lourdeur et de vulgarité. Mais Courbet n'en est pas moins un peintre plein de force et d'originalité, montrant dans certains morceaux une rare fermeté d'exécution avec des finesses exquises, et sachant à un haut degré son métier de peintre.

Son influence, son talent ont été étudiés et appréciés dans de nombreux articles de revues et de journaux, dans diverses brochures d'écrivains d'un haut mérite ; un récit complet et détaillé est encore à faire. Les biographes du peintre n'ont pris de sa vie que ce qu'il en fallait pour éclairer, expliquer et justifier son œuvre, et se sont le plus souvent bornés à quelques anecdotes, à quelques traits généraux. C'est l'ensemble de cette existence mouvementée, laborieuse et féconde que je me propose de retracer, c'est non seulement l'homme, c'est l'œuvre du maître que j'examinerai, en la retirant du faux jour que peuvent jeter sur elle l'éloge d'amis trop ardents, et le blâme d'adversaires systématiques.

# LA JEUNESSE DE COURBET

Sa famille. — Courbet à Paris. — Ses portraits — Ses débuts au Salon. Les *Casseurs de pierres*. — *L'Enterrement*. — Débordement d'injures. — Les critiques et les admirateurs du peintre. — *La Rencontre*. — L'Occidentale de T. de Banville — Courbet à l'Exposition universelle de 1855. — Le peintre accusé de charlatanisme.

## I

Il naquit à Ornans, dans la vallée de la Loue, ce pays aux verdoyants paysages, aux ruisseaux limpides, aux combes et vallons silencieux et romantiques, d'une idéale beauté, digne d'inspirer des poètes, et qui ne semblait guère devoir être la patrie du chef de l'école réaliste. Il appartenait à une famille de la bourgeoisie estimée dans la région. Son grand-père avait été juge de paix à Amancey et y avait laissé d'excellents souvenirs. Sa mère, parente rapprochée du jurisconsulte

Oudot, professeur de droit à Paris, était une sainte femme, charitable, toute dévouée aux pauvres, aux malheureux, remarquable par une grande délicatesse de sentiments, entourée de respectueuses sympathies. Son père, qui avait une certaine fortune territoriale, faisait valoir ses terres, se préoccupait de ses récoltes, de la maturité de ses raisins et de ses fruits, surveillait ses sillons et ses troupeaux de moutons et essayait de perfectionner sa culture.

Il habitait le plus souvent le village de Flagey et de temps à autre Ornans, heureux de se sentir une situation indépendante et de profiter de ses loisirs.

La famille se composait d'un fils et de trois filles.

On se laissait vivre doucement.

C'était un peu une famille d'artistes. Pendant que le père errait dans la campagne, et améliorait son domaine, on travaillait au logis à développer son intelligence et on s'y occupait de musique. La mère jouait de la flûte, M<sup>lle</sup> Juliette du piano, M<sup>lle</sup> Zélie de la guitare ; on chantait et Courbet fort jeune chantait avec ses sœurs.

Il était adoré de tous.

Ses premières années se passèrent ainsi dans

*Cheval de chasse et Bouledogue en forêt, page 162.*

*Biche forcée à la neige, page 159.*

une douce atmosphère de sérénité, de calme et
de paix, dans une agréable quiétude d'esprit ;
puis, quand il fallut travailler, l'enfant fut placé au
petit séminaire d'Ornans, où il eut pour professeur le futur cardinal Gousset. L'élève s'y dis-
tingua par sa paresse, mais aussi par ses apti-
tudes pour le dessin. Un de ses grands bon-
heurs était de faire la caricature de ses maîtres.

Sa seconde prison fut le collège de Besançon.

« J'ai tout bousculé au collège » disait Courbet. Le fait est qu'il s'y montra frondeur, raison-
neur, ennemi de toute supériorité, manifestant
son mépris pour le latin, la littérature et même
l'orthographe. Les conseils de Dom Grappin, un
ami de sa famille, chez lequel il passait ses jour-
nées de loisirs n'eurent aucune influence sur
cette nature indomptée : il s'évada, finit par
reconquérir une liberté relative, c'est-à-dire par
habiter en dehors du lycée, Grande-Rue, 101,
dans la maison où naquit Victor Hugo. C'est
ainsi qu'il fit connaissance avec le peintre Artaud,
fils de son propriétaire, qui ne manquait pas
d'un certain talent : il fut en relation avec Victor
Baille, l'éminent portraitiste, le Wirch du XIXᵉ
siècle, dans notre province comtoise, et qui a
laissé de son jeune ami un portrait au fusain

possédé aujourd'hui par M<sup>me</sup> Castagnary. C'est Courbet à l'âge de dix-neuf ans.

Il sortit du collège, sachant lire et écrire, rien de plus.

Libre, il partagea son temps entre Besançon et son pays natal. A Besançon, son premier maître de peinture fut Flajoulot, qui en 1835, avait peint deux tableaux religieux pour l'église Saint-François, artiste ultra-classique, directeur de l'académie de peinture dans cette même ville, poète à ses heures, mais ne réussissant ni vers ni tableaux.

N'est-il pas étrange que ce réaliste ait eu pour professeur un disciple ardent de David, un admirateur forcené des peintres de l'école du premier empire ?

A cette même époque vivait dans cette même ville, travaillant la littérature, un jeune poète, originaire de Salins, Max Buchon, qui venait de publier un petit recueil de poésies sous ce titre : *Essais poétiques*. Courbet était lié avec Buchon d'une étroite amitié qui ne se démentit jamais : il eut la pensée d'orner de vignettes lithographiées l'œuvre de son ami : nous avons pu apprécier à la bibliothèque de Besançon et chez un collectionneur, franc-comtois, M. d'Hotelans, ce petit

volume devenu fort rare ; les vignettes, qui sont
au nombre de quatre, dénotent une inexpérience
absolue : elles sont puériles, d'une composition et
d'une incorrection de dessin enfantines : c'est la
médiocrité idéale. Mais, avec cet amour propre
qui caractérisa Courbet dès sa jeunesse, il n'hésita
pas à y apposer sa signature complète.

De temps à autre, il s'enfuyait à la campagne.

Nature robuste et solide, d'une taille au-dessus
de la moyenne, largement découplé, à la face
ouverte, au regard net et vaillant, vrai type de
gaulois de bonne race, la chasse et la pêche
étaient ses amusements favoris. Le plus souvent il
rentrait le carnier ou le filet vide, mais il admirait
la nature, il appréciait la senteur des bois, la brise,
l'air natal, le splendide horizon qui se déroule du
haut des montagnes qui dominent Ornans, ou les
frais et pittoresques vallons qui entourent la petite
ville. Il était heureux. « La campagne, disait-il
souvent, me donne des émotions comme l'amour. »

Quelques années s'écoulèrent, puis le voilà à
Paris, son père l'y a envoyé faire son droit.

C'était trop de naïveté. Le jeune Gustave
n'avait aucune aptitude pour devenir un jurisconsulte : il fit son droit tout de travers, ou plutôt il
ne le fit pas du tout. Les livres il les dédaignait :

la vue d'un livre le mettait en colère, jamais il n'ouvrit un livre de droit, jamais ni Bugnet son voisin de campagne, ni Oudot son compatriote et son parent, à qui il était tout spécialement recommandé et qui lui portait de l'intérêt, ni Valette, le jurassien, tous trois professeurs éminents, ne le virent une seule fois à leurs cours.

En revanche il se fit peintre.

Dans sa loyauté il crut devoir annoncer cette grave détermination à son père. Le père ne se hérissa point comme on pourrait le supposer, convoqua sa famille, sa femme et ses trois filles : il fut décidé que l'on ne reculerait devant aucun sacrifice pour aider l'artiste. « Tu veux être peintre, dit le père, rien de mieux, mais quand on choisit une carrière, il faut arriver. Nous promets-tu de tout faire pour devenir un maître ? — Je le promets, répondit le fils. — C'est bien, nous vendrons pour te soutenir jusqu'au dernier bout de champ.

Tous deux tinrent parole. L'énergie du fils égala le dévouement du père.

Le peintre se mit immédiatement à l'œuvre.

En 1839 il devint à Paris l'élève du baron de Stenben, puis d'Auguste Hesse, ce qui paraît étrange, Hesse se distinguant dans toutes ses

toutes ses compositions par un profond sentiment
religieux ; mais l'enseignement, qui façonne et
pétrit à son image tant de jeunes intelligences, ne
lui donna que la connaissance des procédés matériels de son art ; son véritable professeur, ce fut
la nature, qu'il se mit de bonne heure à étudier
face à face, à serrer de près dans une lutte qui
n'a fini qu'avec sa vie. Il dessina peu et, dédai-
gnant le crayon, s'empara bien vite de la palette et
de la brosse, essayant tout de suite les couleurs,
ce qui est le meilleur procédé pour apprendre son
métier, et pour devenir coloriste. Ses maîtres le
laissèrent agir en liberté. Rembrandt ne faisait pas
autrement avec ses élèves, qui, pour la plupart,
devinrent des coloristes éminents.

Quand il ne travaille pas d'après la nature, il
copie les maîtres flamands, hollandais, vénitiens: il
s'inspire de l'école florentine pour peindre une
tête de jeune fille, et de l'école flamande pour un
paysage imaginaire. Les peintres ses aînés, les
chefs d'école, il les regarde à peine ; il dédaigne
la belle élégance des italiens, il ne comprend ni
le froid langage d'Ingres, ni les compositions
shakespeariennes de Delacroix ; il ne veut voir, et
cela d'un œil rapide, que les flamands et les hollandais. Leur art souriant, amoureux de la vie le

séduit ; il apprécie aussi la vigueur, la facture
nerveuse de la peinture espagnole : il s'exerce
à en imiter le chaud et rutilant coloris.

En réalité cette étude des maîtres le séduit peu ;
elle a pour lui le défaut de substituer leur vision
à la sienne, de le déshabituer de voir avec ses
propres yeux. Ce qu'il veut, c'est rendre avec sincérité ce qu'il a vu, et personnellement senti.

Ses premières toiles remontent à 1839 ; ce sont
de timides essais, des paysages de petite dimension, des ruines le long d'un lac, un moine dans
un cloître, une vue de la Roche Founèche. Un de
ses tableaux a pour titre : le *Désespoir*. Un jeune
homme vient d'apprendre quelque affreuse nouvelle ; il tient sa tête à deux mains ; les yeux, les
traits du visage expriment une profonde douleur.

En 1841, nous le trouvons établi à Fontainebleau, travaillant le portrait et surtout le paysage ;
il tâtonne, il cherche sa voie. Chose singulière, il
puise ses inspirations dans les poètes, il lit et étudie Gœthe. Il essaie de peindre la *Nuit de Walpurgis*, il peint *Loth et ses filles*, tristes filles, dont
les chairs paraissent en bois et en fer-blanc,
l'*Homme délivré de l'amour par la mort*, une *Oda-*

*lisque*, d'après Victor Hugo, une *Lélia*, d'après Georges Sand.

Avec le sentiment de satisfaction de sa personne qui le distingue, il se peint lui-même et présente au Salon de 1842 son propre portrait, qui est refusé, à la grande surprise du peintre. Dans tout le cours de sa vie, il aimera à prendre sa figure pour sujet d'étude, et les portraits du peintre sont nombreux. Il s'est représenté dans toutes les poses : on a de lui un Courbet marchant, un Courbet saluant, un Courbet jouant du violoncelle, un Courbet coiffé d'un casque, un Courbet fumeur, un Courbet arrêté, un Courbet assis, un Courbet mort, Courbet partout, Courbet toujours.

Une étude de femme nue, la *Dormeuse*, attire l'attention de la critique.

Un autre tableau peint en 1844 indique une préoccupation très sincère du dessin, mais la palette est déjà plus chaude. Courbet lui donne pour titre le *Hamac*. Une jeune femme est couchée endormie dans un hamac, attaché à deux arbres au milieu d'une forêt, que parcourt un ruisseau. Rien de *Sara* la baigneuse. Ce n'est pas non plus une parisienne, c'est une jeune provinciale chaussée de bottines jaunes.

A cette même époque le peintre se révèle.

Voici dans une composition encore maladroite le germe de ses hautes qualités. Il l'intitule : *Les Amants dans la campagne, sentiments du jeune âge.*

Il ne donne dans le tableau qu'une ébauche de ce modèle, qu'il trouve beau par dessus tous les autres et qui était son soi-même. Le peintre a une figure sentimentale. Il serre la main de la femme aimée, qui est dépourvue complètement de distinction et d'élégance. La même année, il se peint encore lui-même, et il produit une de ses œuvres les meilleures dans un superbe morceau : *L'homme à la ceinture de cuir.*

Debout, vêtu de noir, appuyant au dos d'une main fine et bien modelée, son visage rêveur, encadré par de longs cheveux, il s'accoude à une vieille reliure, transformée en carton à dessins. Le pouce de la main gauche est passé distraitement dans une large ceinture de cuir jaune à boucle de métal. Sur le carton un porte-crayon ; dans la pénombre une statuette d'écorché ; un rideau vert est à demi relevé.

C'est une peinture de premier ordre ; mais la tête est idéalisée ; la figure poétique, réfléchie, ne rappelle guère la physionomie et les traits de Courbet. Ce tableau, nous le retrouverons en

L'Enterrement à Ornans, pages 26 à 30 et 154.

1881, à une exposition de l'hôtel Drouot; il sera acheté par l'Etat 29.000 francs.

*L'homme blessé* est encore un portrait.

Un jeune homme, enveloppé à mi-corps dans un manteau brun est adossé, évanoui, à un arbre ; son épée est près de lui. La chemise entr'ouverte laisse voir une blessure sanglante à la poitrine. Le tableau vaut moins que le précédent, mais il est encore des plus remarquables.

Mentionnons une autre figure du peintre, *L'homme à la pipe*, que possède aujourd'hui M^lle^ Courbet. L'artiste est assis au pied d'un rocher, il tient sa pipe, et caresse son chien. La peinture est vive, chaude de tons.

Enfin dans cette même année, il peint un gros homme, recouvert à moitié d'un manteau, qu'il intitule *Job*, et qui manque d'originalité et de style.

La réputation de l'artiste ne grandit que lente_ment, et rien ne fait encore présager le chef de l'école réaliste moderne. Il peint des portraits. L'un des meilleurs est celui du philosophe Trapadoux, un bohème excentrique, fort connu des artistes, l'auteur d'un livre sur la vie de saint Jean de Dieu. Trapadoux est assis sur un escabeau, les jambes croisées, et feuilletant un album dans l'atelier de Courbet. La tête, les mains, les vêtements

sont solidement peints La physionomie est énergique et vraie. Autour du personnage, un coffre,
un poële en fonte, une bouilloire, un vase conte-
nant du charbon sont rendus avec une puissance,
une vérité merveilleuse ; c'est déjà l'œuvre d'un
homme de talent, et Courbet la considérait comme
un de ses tableaux les meilleurs.

En 1847 il envoie au Salon le portrait d'un de
ses compatriotes, M. Urbain Cuënot, au visage
vigoureux et sensuel : une déception nouvelle
l'attend : Le jury refuse le tableau. Le peintre ne
se décourage pas et l'exposition de 1849 compte
sept de ses toiles, *Une après dîner à Ornans*, la
*Vendange à Ornans*, le portrait de l'auteur, celui
de *Trapadoux*, et trois paysages, la vue du *Château de Saint-Denis*, les *Communaux de Chassagne*
et la *Vallée de la Loue*. Ces divers ouvrages atti-
rent l'attention, et on commence à croire au talent
du peintre, à voir en lui un artiste indépendant,
doué d'une rare vigueur d'exécution. *L'après-dîner
à Ornans*, réunion de types provinciaux, reproduits
avec une sincérité et une énergie surprenantes,
révélait un effort original et fut surtout chaleureu-
sement accueilli. Trois hommes, le repas terminé,
restent assis autour d'une table, dans une attitude
simple et vraie. L'un semble dormir, un autre

allume sa pipe, le troisième écoute d'une oreille distraite un musicien jouant du violon. Les trois personnages sont de grandeur naturelle. Ni excentricité ni violence dans cette entrée en matière. C'est la photographie du laisser aller rustique, de la causerie et de la fumerie après le café, photographie merveilleuse, car il est difficile d'aller plus loin dans le rendu simple et mâle des objets et des personnages. Le peintre devient presque célèbre, et Francis Wey écrit à Weiss : « Les toiles de Courbet font grande rumeur : bien attaquées, bien défendues. Ce garçon a ses dénigreurs et ses enthousiastes, il n'en est pas moins un des coryphées du Salon. »

C'est surtout en 1851 que l'artiste devait conquérir une notoriété exceptionnelle, et se poser en champion d'un art nouveau.

Au Salon de 1850-51, il n'expose pas moins de neuf tableaux, dont trois sont considérés comme ses œuvres les plus caractéristiques. *L'enterrement à Ornans,* les *Casseurs de pierres,* les *Paysans de Flagey revenant de la foire.* Les cinq autres étaient le portrait de l'auteur, celui de l'apôtre Jean Journet partant à la conquête de l'harmonie universelle, le rival en fouriérisme de Considérant, qu'il a accablé des plus violentes invectives, les

*Bords de la Loue*, une vue du *Château de Scey en Varais*, le portrait de Francis Wey, exécuté en 1848, et celui de Berlioz, au sourire de diplomate amer.

Les portraits ont du succès, un succès mérité. L'apôtre Jean Journet est plein de mouvement ; il marche gaiement, portant son sac de voyage et un manteau, tenant d'une main son chapeau et son bâton. La tête représente bien la vigueur, l'énergie de l'apôtre, s'avançant

> Vers l'infernale cité,
> La Babylone moderne,
> La caverne,
> Le volcan d'iniquité.

Mais on ne remarque, on ne veut voir que les *Casseurs de pierres* et l'*Enterrement d'Ornans*.

Les *Casseurs de pierres* révélaient d'incontestables qualités. Un malheureux vieillard est accroupi sur un tas de pierres, la figure immobile, et empreinte de mélancolie et de fatigue. Les bras enraidis se lèvent, armés d'un marteau à long manche, et accomplissent leur besogne avec une monotomie et une tranquillité que rien ne distrait. Près de lui un tout jeune homme, à la démarche affaissée attire, lui aussi, la compassion ; il porte une lourde corbeille de gravier sur le bord du chemin. A droite un coin de ciel bleu. Dans cette scène

de travail pénible. Courbet avait réussi à éclairer,
à varier sa palette : seulement les deux travailleurs
de la voirie manquaient de mouvement et de vie, et
ressemblaient trop à des figures de cire ; quelques
détails nuisaient à l'ensemble. Le fonds était lourd,
et ne fuyait pas. Les mains du vieillard étaient du
même ton que le bloc de pierre qu'il brisait sous
son marteau. Cette page singulière, bizarre, for-
çait néanmoins l'attention ; elle était empreinte
d'un ton de sauvage tristesse, qui n'était point
habituelle au peintre. Courbet l'appréciait, et disait
en contemplant les deux travailleurs rivés au ser-
vage : « Pauvres gens ! J'ai voulu résumer leur
vie dans l'angle de ce cadre, n'est-ce pas qu'ils
ne voient jamais qu'un petit coin du ciel. » Proudhon
qui savait faire d'un tableau médiocre une eau-forte
chaleureuse et vibrante, commenta longuement
l'œuvre du peintre dans son livre sur l'*Art et sa
destination sociale*, il déclara que les jeunes généra-
rations étaient victimées, dévorées dans leur crois-
sance, que nous déclamions à tort contre l'escla-
vage des noirs garantis en leur qualité de bêtes de
somme contre l'excès d'indigence ; il ajouta avec
son esprit paradoxal que pas un de nous, citadin
ou paysan, ouvrier ou propriétaire ne pouvait être
certain de ne pas être réduit à la misère, et que

la condition des casseurs de pierres était celle de
plus de six millions d'âmes en France. Sa conclusion fut celle-ci : c'est que ce tableau valait une
parabole de l'Evangile, que c'était de la morale en
action, qu'il devrait être consacré à l'ornement
d'un autel dans une église. Courbet avait-il songé à
renfermer dans son cadre toutes les grandes idées
philosophiques et sociales, développées par son
célèbre compatriote ? Il s'était borné à peindre le
triste spectacle qui s'était offert à sa vue.

*Les Casseurs de pierres* n'avaient provoqué que des
appréciations sinon bienveillantes, du moins cour-
toises et polies. L'*Enterrement à Ornans*, aujour-
d'hui placé dans une salle du Louvre, et où sont
entassés près de cinquante personnages de grandeur naturelle copiés sur nature, avec une ten-
dance à la caricature, fut considéré comme une
bouffonnerie lugubre.

Au milieu, la fosse béante ; à genoux au premier
plan, le fossoyeur, qui regarde le prêtre. Celui-ci
lit les dernières prières devant les chantres, en
robes encore plus vermillonnées que leur nez : à
côté, deux enfants de chœur vêtus de blanc,
d'une fraîcheur éclatante. A gauche, des hommes
en grand chapeau noir portent le cercueil. Autour
de la fosse, M. Proudhon, maire d'Ornans, les

parents, les amis. M. Teste de Sagey, le garde
champêtre en habit d'autrefois, un chien inquiet :
à droite la famille, des femmes en pleurs, étouffant
des sanglots dans leurs mouchoirs, puis, des
paysannes en bonnets à plis tuyautés, de vieilles
figures ridées, parcheminées. Le tout représenté
en costumes du temps, en accentuant encore la
laideur humaine. La croix d'argent que tient le
sacristain domine la ligne du paysage à peine
rompue par des assises de rochers herbeux.

L'apparition de cette composition gigantesque,
ayant trois mètres treize de hauteur et six mètres
soixante-quatre de largeur, ne pouvait que conquérir au maître des haines inextinguibles et des
admirations non moins violentes ; elle souleva des
tempêtes.

La vieille école, toujours hostile à la laideur, se
voile la face, puis, au nom de la dignité de l'art
crible de sarcasmes le maître d'Ornans. Théophile
Gautier, Paul Mantz, Th. Silvestre, qui s'étaient
toujours montrés fort bienveillants pour Courbet,
critiquent vivement son œuvre. Un écrivain de
talent l'apprécie en ces termes : « Cette longue
file de masques burlesques et de difformités prises
sur le fait, ce clergé de village et ses acolytes
impayables, ces deux marguilliers aussi cramoisis

de trogne que de robe, cet épais fossoyeur, qui pose
solennellement un genou sur le bord de la fosse,
ce sérieux, ce bouffon, ces pleurs, ces grimaces,
ce deuil endimanché en habit noir, en veste, en
béguin, tout cela figure un enterrement carnava-
lesque, une immense complainte en peinture, où il
y a pour rire bien plus que pour pleurer. »

Les écrivains les plus modérés classent le
jeune peintre parmi les glorificateurs du laid. La
*Revue des Deux Mondes* publie ces lignes de
M. Louis Geofroy : « Evidemment M. Courbet
est un homme qui se figure avoir tenté une grande
rénovation, et ne s'aperçoit point qu'il ramène
l'art tout simplement à son point de départ, à la
grossière industrie des maîtres imagiers............
C'est grande pitié qu'en 1851, on soit réduit à
faire la démonstration des principes les plus élé-
mentaires, à répéter que l'art n'est pas la reproduction de l'objet le premier passant, mais le
choix délicat d'une intelligence raffinée par l'étude,
et que sa mission est au contraire de hausser sans
cesse au dessus d'elle-même notre nature infirme
et disgraciée. Ils se sont donc trompés, tous les
nobles esprits qui, desiècle en siècle, ont entretenu
dans l'âme de l'humanité le sentiment d'une desti-
née supérieure, et nous aussi qui devant leurs

Les casseurs de pierres, pages 23 à 26 et 155.

chefs-d'œuvre nous sentions allégés, heureux de dérober quelques heures à la pesante réalité. Voici venir les coryphées de l'ère nouvelle, qui nous rejettent brutalement la face contre cette terre fangeuse, d'où nous enlevait l'aile de la poésie. »

De leur côté les réalistes manifestent leur admiration. Leur chef Champfleury qui aspirait à faire en littérature la révolution que Courbet espérait et tentait en peinture, publie dans le *Messager de l'Assemblée* des 25 et 26 février 1851, un ardent plaidoyer en faveur du réalisme. « On veut que M. Courbet soit un sauvage qui a étudié la peinture en gardant les cochons. Quelques-uns affirment que le peintre est un chef de bandes socialistes, ils s'écrient que M. Courbet est le fils de la République démocratique de 1848, ils voudraient mettre un crêpe sur l'Apollon du Belvedère. Si on les écoutait, les membres de l'Institut devraient s'asseoir sur leurs fauteuils, comme autrefois les sénateurs sur leurs chaises curules, et mourir fièrement frappés par les sabots boueux des sauvages réalistes....... Est-ce la faute du peintre si les intérêts matériels, si la vie de petite ville, si la mesquinerie de province clouent leurs griffes sur la figure, éteignent les yeux, plissent le front.

hébètent la bouche. Les bourgeois sont ainsi.
M. Courbet a peint des bourgeois. » L'éloge de
Champfleury est peu goûté, et ne ramène point
l'opinion. En réalité, en peignant un enterrement
de village, en empruntant à la société qui l'envi-
ronnait, ses sujets et ses modèles, Courbet était
dans son droit, comme les Belges et les Hollandais
qui, regardant autour d'eux, représentaient la nature
ou peignaient le milieu dans lequel ils vivaient :
scènes champêtres, noces de village, kermesses
rustiques, comme l'allemand Holbein, comme
l'espagnol Velasquez, comme Murillo, qui a reproduit les scènes les plus vulgaires. Pourquoi l'artiste ne pourrait-il peindre des personnages pris
aux degrés inférieurs de l'échelle sociale ? Aussi
n'est-ce pas l'humilité des sujets que nous repro-
chons à Courbet ; il a eu le tort de rire pesam-
ment, de forcer la note, de donner dans le cari-
catural ; composition et exécution sont lourdement
comiques. La composition dans l'*Enterrement* est,
de plus, désordonnée, le coloris mal équilibré. Il
y a, à côté de détails excellents, tels que le
groupe des femmes en deuil pleurant au bord de
la fosse, un débordement de laideurs inutiles qui
empêche de tenir compte des qualités de cette
œuvre brutale, incorrecte et pleine de sève.

Devant ce débordement d'attaqués, d'injures, pleuvant comme giboulées en mars, Courbet ne paraît point s'émouvoir ; que lui importent les clameurs ? Il aime les cris de surprise, les colères de la foule ; il lui faut du bruit et de la renommée. Il a d'ailleurs toutes les audaces, il est bouffi d'une grosse vanité sereine ; plein de confiance en son talent, il n'en continue pas moins à multiplier les types de laideur commune. Ses paysans, ses hommes du peuple avaient effarouché le public, il peint des paysannes, les *Demoiselles de village faisant l'aumône à une gardeuse de vaches*. Mais les paysannes soulèvent la même répulsion que les paysans. Le tableau se composait non seulement de deux maritornes aux formes rustiques et d'une petite bergère, on y voyait aussi des vaches, faites *de chic*, qui n'étaient pas à leur plan, et dont les caricaturistes s'amusèrent : on remplace l'injure par le rire. La critique sérieuse n'épargne point le peintre. Gustave Planche écrit ces lignes : « Les *Demoiselles* de village n'ont rien à démêler avec la peinture prise dans son acception la plus élevée. C'est une habileté tout au plus suffisante pour l'exécution d'une enseigne.... Non seulement les jeunes filles sont laides, mais elles sont dessinées sans précision. Les vêtements mal

choisis ne laissent pas deviner assez clairement la
forme du corps... L'engouement que M. Courbet
a excité l'année dernière s'attiédit heureusement
chaque année. Le bon sens et le bon goût repren-
nent le dessus. Pour ma part, je m'en réjouis,
car les éloges prodigués à M. Courbet pouvaient
à bon droit passer pour une injure adressée à tous
les esprits laborieux, qui n'ont jamais séparé l'imitation de la nature de la beauté idéale. »

Excité par ses amis Courbet porte un défi à
ses détracteurs.

En 1853 les *Lutteurs* et les *Baigneuses* dépassè-
rent en naturalisme les *Demoiselles de village*. Les
deux hercules de foire représentant les lutteurs,
ne sont point copiés sur nature, et le peintre a
par trop sacrifié à la fantaisie : « On ne saurait
s'expliquer, dit la *Revue de Paris*, ce ton ridicule-
ment bistré qu'il a donné aux chairs de ses deux
lutteurs. Quoi ! M. Courbet n'a pas eu l'idée de
lier connaissance avec les premiers saltimbanques
venus, de les déshabiller au soleil et d'étudier sur
leur peau luisante et éclaircie le jeu frappant du
rayon et de l'ombre. Attentif aux formes en
mouvement, aux saillies des musculatures tendues,
il a complètement méconnu la vérité de la couleur et celle de l'effet. C'est un malheur. Pour

réaliser pleinement son rêve, M. Courbet aurait
dû s'écarter du Louvre comme d'un lieu maudit. »
Ajoutons, ce que ne dit pas la *Revue de Paris*,
que les *Deux lutteurs* étaient assez mal dessinés.

C'est sur une grève de la Loue, cette rivière
aimée, sur les bords de laquelle il avait joué dans
son enfance, dans la pénombre d'un bois touffu
traversé par un rayon de soleil, que le peintre étale
les splendeurs charnues de ses *Baigneuses* : deux
femmes, l'une debout, vue de dos, l'autre assise
et à demi vêtue, sans élégance aucune. Le paysage
est séduisant, mais la femme est représentée sous
l'aspect le plus grossier, le plus réaliste.

On raconte que l'impératrice Eugénie qualifia
d'un mot juste et vrai les *Baigneuses*. Elle venait
d'admirer le *Marché aux chevaux* de Rosa Bonheur, et l'on avait pris soin de lui faire remarquer
que les chevaux pris pour modèle, et qui étaient de
formes lourdes et épaisses, étaient de race percheronne. En présence de l'œuvre de Courbet, à
l'aspect de la baigneuse, qui montre au public un
dos large, solide, gras et dodu, elle manifesta sa
surprise. « Est-ce aussi une percheronne ? »
demanda-t-elle.

Le peintre avait exagéré les exubérances d'embonpoint, et ses admirateurs eux-mêmes durent

reconnaître que ses *Baigneuses* étaient par trop pourvues de larges développements, et même que le coloris de sa peinture était contestable, ressemblait au jus de réglisse et n'avait point ses qualités, son éclat habituel.

La *Dame espagnole* n'est pas non plus très appréciée ; elle est de profil, presque de trois quarts, assise, la tête appuyée sur le bras gauche. Avec ses yeux ardents, son teint surchauffé, ses bras maigres, elle paraît sépulcrale et macabre. Théophile Gautier se montre sévère pour le peintre : « Nous avons vu les gitanas sur le seuil de leurs antres creusés dans les flancs du Monte Sagrado à Grenade, au Barrio de Triana à Séville, hâves, maigres, brûlées du soleil ; mais aucune d'elles n'était si noire, si sèche, si étrangement hagarde que la tête peinte par M. Courbet. Nous ne demandons pas des tons roses, une fleur de pastel ; mais encore faut-il peindre de la chair vivante. Juan Fualdès Léal, le peintre de cadavres, dont les tableaux font boucher le nez aux visiteurs de l'hôpital de la Charité, à Séville, n'a pas une palette plus faisandée, plus chargée de nuances vertes et putrides. »

La *Fileuse* est taxée de Marguerite d'auberge : c'est le portrait d'une jeune fille endormie, aussi commnue de forme et d'allure que les autres personnages de Courbet.

Mais à côté des adversaires. il y a les admirateurs du maître.

L'un des plus fervents, M. Bruyas, achète les *Baigneuses* et les *Casseurs de pierres*, ainsi que la *Fileuse*. et pour mieux témoigner à l'artiste sa haute estime l'appelle auprès de lui à Montpellier.

C'était un amateur intelligent, qui avait essayé de la peinture avec succès dans sa jeunesse, qui se connaissait en œuvres d'art. L'amateur était doublé d'un discret bienfaiteur, qui encourageait les efforts des artistes. les soutenait de ses conseils et de son argent ; il admirait non seulement Courbet, mais beaucoup d'autres, notamment Tassaert, qui entretint avec lui une correspondance suivie, et qui. lassé de l'existence, reniant son nom et blasphémant l'art, se suicida sans avoir dépassé une honorable moyenne de notoriété. M. Bruyas offre à Courbet à plusieurs reprises, une cordiale hospitalité.

Touché et reconnaissant de son bon accueil, le peintre veut à son tour lui prouver sa gratitude ; il peint un tableau qui fait grand bruit et que l'on a désigné par ces mots : « *La Rencontre, ou Bonjour Maître Courbet, ou La Fortune saluant le Génie.* »

La scène se passe sur une grande route.

L'artiste s'est représenté, le sac au dos, le bâton ferré à la main ; il arrive dans la campagne poudreuse, desséchée, de Montpellier, où il est accueilli par M. Bruyas, venu à sa rencontre avec un de ses domestiques et son chien. Le bon M. Bruyas salue le maître avec l'attitude du plus profond respect. Le peintre lui lance un coup de chapeau seigneurial, et lui sourit du haut de sa barbe. Quelle belle barbe, quel bel homme, quels beaux mollets ! M. Bruyas est moins flatté : c'est un bourgeois. Le pauvre domestique est ahuri et des plus humbles.

La scène paraît puérile et même quelque peu ridicule ; on chansonne le peintre et son œuvre. Théodore de Banville prend sa plume, et écrit une ode funambulesque sous ce titre :

*Bonjour, Monsieur Courbet.*

En octobre dernier, j'errais dans la campagne :
Jugez de l'impression que je dus en avoir :
Telle qu'une mégère âgée avec son pagne.
Ce jour-là, la nature était horrible à voir.

Le poète nous montre les arbres rabougris, les saules étalant des gibbosités, des goitres et des

ventres, les fleurs de la prairie arborant des tons
crus de pains à cacheter, puis continue ainsi :

...... Saisi de douleur, je m'écriai : « Cybèle !
Ouvrière qui fais la farine et le vin,
Toi que j'ai vue hier si puissante et si belle,
Qui t'a tordue ainsi, nourrice au flanc divin ?

Et je disais : « O nuit qui rafraîchis les ondes,
 Aurores, clairs rayons, astres purs dont le cours
Vivifiait son cœur et ses lèvres fécondes,
Etoiles et soleils, venez à mon secours ! »

La déesse entendant que je criais à l'aide,
Fut touchée, et voici comme elle me parla :
« Ami, si tu me vois à ce point triste et laide,
C'est que Monsieur Courbet vient de passer par là ! »

Et le sombre feuillage, évidé comme un cintre,
Les gazons, le rameau qu'un fruit pesant courbait,
Chantaient : « Bonjour Monsieur Courbet, le maître peintre !
Monsieur Courbet, salut ! Bonjour Monsieur Courbet !

Et les saules bossus, plus mornes et plus graves
Que feu les écrivains du *Journal de Trévoux*,
Chantaient en chœur une des portes de burgraves :
 Bonjour, Monsieur Courbet ! Comment vous portez-vous ? »

Une voix au lointain, de joie et d'orgueil pleine,
Faisait pleurer le cerf, ce paisible animal,
Et répondait mêlée aux brises de la plaine :
 Merci, bien le bonjour, cela ne va pas mal....

Tournant de ce côté mes yeux — en diligence,
Je vis à l'horizon le groupe essentiel :
Courbet qui remontait dans une diligence,
Et sa barbe pointue escaladant le ciel !

De mes odes plus tard ayant grossi les listes,
Et sur nos hélicons vivant en zingaro,
J'ai composé ces vers assez peu réalistes,
Pour un petit journal appelé *Figaro*.

En 1854, le peintre représente sur une toile de moyenne et même de petite dimension, le futur poète des *Fleurs du mal*. Assis sur des coussins rouges, Baudelaire tient de la main droite un vieux livre brun à tranches rougeâtres ; sa lèvre serre une pipe fortement culottée ; ses cheveux sont coupés ras, et le visage à l'œil noir et brillant, aux teintes roses et éclatantes est presque imberbe. Le costume est sinon bizarre, du moins d'une étrange couleur. Baudelaire porte une cravate d'un jaune d'or et une chemise bleue, mais les deux teintes s'harmonisent à merveille. Il était alors fort jeune, et sa célébrité ne dépassait guère le quartier latin. Les premières *Fleurs du mal*, venaient de paraître. Il était l'un des meilleurs amis de Courbet. ce qui ne l'empêcha pas de manifester plus tard la haine la plus vive contre l'œuvre et le peintre.

L'exposition universelle de 1855, contient dix des œuvres du maître, mais le jury se refuse à admettre l'*Enterrement à Ornans* et les *Baigneuses* ; très irrité de cette décision. le peintre veut rendre le public juge de son talent. Il fait construire à trois cents mètres du palais de l'Industrie, avenue Montaigne, un bâtiment sur lequel il appose en gros caractères cette enseigne : « *Le Réalisme*, G. *Courbet* : Exposition de 40 tableaux de son œuvre. » Puis il prend soin de placer en tête du catalogue une réclame écrite par un ami, M. Castagnary, le fervent apôtre, le puissant défenseur du peintre, et où se remarquent ces lignes : « J'ai étudié en dehors de tout esprit de système et sans parti pris l'art des anciens et l'art des modernes. Je n'ai pas plus voulu imiter les uns que copier les autres ; ma pensée n'a pas été davantage d'arriver au but oiseux de l'art pour l'art. Non, j'ai voulu tout simplement puiser dans l'entière connaissance de la tradition le sentiment raisonné et indépendant de ma propre individualité.

« Savoir pour pouvoir, telle fut ma pensée. Etre à même de traduire les mœurs, les idées, l'aspect de mon époque selon mon appréciation ; être non seulement peintre, mais encore un homme, en un mot, faire de l'art vivant, tel est mon but. »

C'était une noble ambition, mais Courbet traduisait les mœurs, les idées, l'humanité sous la forme la plus triviale, la plus vulgaire, la plus bru-

tale, et la plus grossière. La critique n'admet
point qu'il reproduise sincèrement son époque et
redouble ses attaques ; on l'accuse de charlatanisme. « Nous aimons les artistes qui portent haut
leur drapeau, nous dédaignons absolument ceux
qui l'affichent au coin des rues, écrit M. Maxime
du Camp. Le bruit qu'on parvient à faire par les
moyens que je ne veux pas qualifier, n'est pas
toujours de la réputation. C'est souvent du scandale. M. Courbet a choisi lui-même la place qu'il
désirait avoir dans la presse, il a mis son nom et
son *boniment* à la quatrième page des journaux.
Ce n'est plus de notre ressort. » Théophile Gautier exprime la même pensée. « Au lieu d'ins-
taller le réalisme dans une baraque, à côté de
l'exposition, M. Courbet ferait mieux de cultiver
le grand paysagiste qui est en lui. » Et le critique
célèbre reproche au peintre de calomnier affreu-
sement la nature, de l'enlaidir et de la barbouiller.
En réalité, Courbet voulait en imposer au public,
et prenait à tort des allures de théoricien et de
philosophe ; il n'a jamais connu qu'un petit nombre de maîtres, et ce ne sont pas les plus grands ;
il se préoccupait fort peu de l'histoire, des règles
de l'art, n'était point disposé à se soumettre aux
principes de la tradition, n'ouvrait jamais un livre

et ne lisait autre chose que les journaux qui parlaient de lui.

La baraque eut d'ailleurs peu de succès et les
visiteurs n'y accoururent pas en foule. Courbet
s'en consola en recommençant en dehors de
Paris son tapage forain, sa réclame industrielle, et
en promenant ses œuvres en province et à
l'étranger, à Besançon, à Dijon, à Munich et à
Francfort, comme un montreur de phénomènes.

# GUSTAVE COURBET

## II

Le jour était venu où le maître comprenant qu'il devait autant que possible choisir des sujets exigeant seulement une traduction fidèle de la nature, allait se révéler paysagiste hors pair, digne de prendre rang parmi les chefs d'école les plus énergiques, les plus sincères, et les mieux doués.

La nature, il l'avait toujours admirée et aimée en amant passionné ; jeune, il avait essayé de reproduire tout ce qui existe à la surface de

notre globe, les bois, les champs, les sentiers
mystérieux, les eaux courantes des ruisseaux ;
mais ses études, elles n'avaient été que rapides et
passagères, c'était peintures de débutant ; son talent
s'est mûri et a grandi, il va suivre la voix de l'éter-
nelle inspiratrice dans toutes ses œuvres, œuvres
de vie, œuvres de mort, en été, lorsque le soleil
éclaire et illumine tout ; en automne, lorsque les
feuilles jaunies roulent dans le torrent ; en hiver,
par les jours de neige devant le solennel tableau
de la mort. Il peindra d'immenses forêts de
sapins, où combattent les cerfs amoureux et s'ébat-
tent les chevreuils légers, les sombres vallées du
Jura, des fleurs et des fruits, le bleu miroir de la
mer, l'eau dormante des lacs ; et comme sa main
excelle à rendre sur la toile tout ce que son œil
perçoit, comme il possède non seulement la facilité, mais la spontanéité de l'exécution, comme il
peint avec le sentiment d'un amoureux et les scrupules d'un casuiste, il produira parfois de vrais
chefs-d'œuvre, et prendra rang à côté des maîtres.

Mais avant d'étudier le paysage, le ciel, la verdure, la mer, il essaie de résumer sa carrière de
peintre ; il expose, en 1855, *Mon Atelier*, qu'il
intitule lui-même avec une bouffissure risible :
« Allégorie réelle, déterminant une phase de sept

années de ma vie artistique, » peinture d'un goût
douteux, d'un désordre de composition inouï, d'un
ton louche, blafard et amolli, où l'artiste nous
montre les représentants des diverses catégories
sociales, le prolétaire, le pauvre, le marchand, le
prêtre, le braconnier, le croque-mort. Parmi les
personnages on reconnaît les portraits de Baudelaire, Champfleury, Proudhon, M. Bruyas, plusieurs habitants de la vallée de la Loue.

Baudelaire est assis à droite sur une table et
lisant. Champfleury assis à côté de Baudelaire,
contemple, étudie le maître qui peint. Celui-ci
travaille à un paysage et se renverse pour mieux
juger de l'effet de la dernière touche posée. Au
fond, des amis debout, et dans l'embrasure de la
fenêtre, une femme vêtue, qui paraît écouter avec
plaisir des propos d'amour. Au milieu, derrière le
maître, une femme nue, un modèle, un enfant
regarde le paysage et le peintre. Au premier plan
un angora blanc joue sur le parquet. Sa couleur
éclatante fait valoir les tons chair du modèle. Enfin
à gauche, l'allégorie réelle, groupe de personnages
destinés à rappeler les misères de la vie sociale,
une femme en haillons allaitant un pauvre petit
être, un garde-chasse, un arménien, un juif, un
prêtre, un mannequin dans la pose de saint Séba-

tien, domine l'ensemble. C'était, paraît-il, le résumé de la vie artistique de Courbet, avec une échappée sur les mœurs et les costumes de l'époque. L'intention de l'artiste était de résumer et de grouper les éléments de son éducation, de rassembler dans un même cadre toutes les idées, tous les types qui avaient rempli son existence depuis 1848, intention qui pouvait être excellente, mais n'était pas très facile à saisir. Aussi l'œuvre du peintre n'eut-elle pas grand succès, elle parut bizarre, étrange comme composition ; on lui reprocha, en outre, de manquer d'air et de perspective.

Ce chapitre de sa vie ainsi clos, Courbet nous donne toute une série de chefs-d'œuvre.

En tête, plaçons trois paysages, *La Roche de dix heures*, le *Château d'Ornans* et le *Ruisseau du Puits noir*. Ces deux peintures sont demeurées célèbres et peuvent être considérées comme des meilleures, des plus vigoureuses toiles du maître. La gravure les a souvent reproduites. Le *Château d'Ornans*, que nous avons pu admirer dans la collection Laurent Richard, représente la vallée de la Loue, une des plus belles, des plus riantes de la Franche-Comté ; des deux côtés d'énormes rochers gris qui font un heureux et saisissant contraste avec la prairie humide et verte ; à gauche, d'humbles et modestes maisonnettes, posées de la manière la plus pittoresque sur un énorme bloc de pierre, dominent le vallon, remplacent l'ancienne demeure seigneuriale aujourd'hui détruite et se détachent en couleur brune sur un ciel clair.

Le *Ruisseau du Puits noir* est plus remarquable encore que le *Château d'Ornans* : les vivacités des tons y sont plus énergiquement écrites, bien que l'ensemble demeure harmonieux comme la nature elle-même. Le peintre, qui persiste à se dire l'humble traducteur des spectacles de la nature, a su rendre la nature avec une certaine exaltation, sans l'altérer ; il s'est inconsciemment montré poète. M. Charles Blanc fut fort touché de ce paysage puissant et plein de sève, et déclara avec raison Courbet un grand artiste.

En 1856, Courbet exposa de nombreux tableaux ; il était alors dans toute la vigueur, dans tout l'éclat de son talent. Ses œuvres furent très remarquées. Les unes étaient fort belles, notamment le *Renard dans la neige*, chef-d'œuvre de métier, le *Cerf mourant*, qui est une merveille. Courbet constata non sans surprise qu'on le laissait en paix.

Son exposition au Salon de 1857 fut brillante : elle comptait deux morceaux d'une véritable importance, la *Curée* et les *Demoiselles des bords de la Seine*. La *Curée* est une peinture pleine de sérénité et d'harmonie. Le piqueur, les chiens, le chevreuil sont des chefs-d'œuvre d'exécution matérielle. Les chiens sont admirables d'impatience. Les *Demoiselles de la Seine* sont deux paresseuses et assez laides créatures couchées au bord d'une Seine bleue, consacrant leur dimanche à l'étude du canotage et à toutes sortes de gaietés champêtres Costumes et attitudes y sont vulgaires. Courbet ne voyait que choses prosaïques. Le paysage manquait de poésie. M. Castagnary prétendit, à l'occasion de ce tableau, que c'était de la friture qui nageait au courant des ruisseaux du peintre, et qu'il se dégageait de ses taillis comme un parfum de gibelotte ; mais, comme exécution, le tableau était d'une grande fermeté et d'une parfaite vaillance.

En 1858, Courbet visita le midi de la France et la Méditerranée, et, l'année suivante, se rendit en Flandre, terre généreuse où sont nés tant d'admirables coloristes, tant de puissants décorateurs. Il se contenta d'y étudier sur nature, de recueillir des matériaux, d'apprécier les musées d'Anvers et de Bruxelles ; il peignit des marines. A son retour, ses amis le pressèrent de produire une œuvre digne de son talent. Au salon de 1861, il envoya cinq tableaux : le *Rut du Printemps*, combat de cerfs, le *Cerf à l'eau* qui est au musée de Marseille, le *Renard dans la neige*, le *Piqueur* et la *Roche Oragnon*, paysage de l'exécution la plus large et la plus solide, peinture superbe que Théophile Gautier déclara « d'une grande vérité et dénotant un talent magistral. » Le *Combat de Cerfs* est surtout remarquable, c'est une des meilleures toiles du grand artiste. Deux cerfs se précipitent l'un contre l'autre tête baissée pendant que la biche, objet et prix de ce duel à mort, s'enfuit éperdue. La scène se passe dans une vieille forêt du Jura, sous la voûte solennelle des bois, à côté d'une clairière où coule un frais ruisseau ; le dessin est défectueux, mais en face de la peinture pleine de vigueur, de tonalités puissantes, à peine remarque-t-on les défectuosités des lignes.

Le succès fut retentissant ; l'État acheta le tableau 41.900 francs.

Une année plus tard, en 1862, il exposa chez lui le plus connu de ses tableaux, le *Retour de la Conférence*, une scène d'ivrognes au milieu d'un paysage charmant, une satire grossière des prétendues habitudes du clergé que Courbet, en toute occasion, cherchait à couvrir de ridicule.

Proudhon devait être émerveillé de cette œuvre,
et dans son livre : *Du principe de l'art et de sa destination sociale*, il en fit un éloge dithyrambique
qu'expliquent ses opinions.

Le tableau fit scandale, bien que la religion ne
fut pas en danger pour cela. Le jury le refusa
« pour cause d'outrage à la morale religieuse » et
n'admit que deux peintures qui ne faisaient pas grand
honneur au talent du maître ; un portrait de femme
et une *Chasse au Renard* ; à cette même exposition
figura le *Petit Pêcheur de Chabots*, reproduit en
bronze, et qui orna sous l'Empire une des places
publiques d'Ornans, fut renversé après la Commune puis replacé sur son piédestal où il est
encore aujourd'hui.

En 1864, Courbet n'envoya rien au Salon ;
toutefois pour ne pas se laisser oublier, il fit
publier en janvier de cette même année, dans la
*Nouvelle Revue de Paris*, une longue lettre adressée
à son ami, M. Castagnary, et où il dépeignait un
merveilleux tableau destiné à cette exposition de
1864 et qu'un accident venait de détruire : ce
tableau devait représenter la poésie contemporaine:
on devait y voir, rassemblés dans le vallon sacré,
arrosé par les eaux de Castalie et du Permesse,
Lamartine avec sa besace et sa lyre, Baudelaire

avec ses notes à la main, Pierre Dupont qui buvait ; Gustave Mathieu avec sa guitare et son chapeau de marin ; Monselet qui les accompagnait et gardait son air sceptique. Enfin la *Source*, invisible pour la moderne armée d'Apollon était visible au premier plan pour le public ; ce devait être une femme, pas belle, mais nue comme la *Dame au Perroquet*, comme la *Source* de M. Ingres, un modèle venant de Paris. Couchée sur son rocher couvert de mousse, elle ne jouait pas ; elle crachait dans l'onde qui empoisonnait tous les malheureux buveurs. C'était une composition sinon savante, du moins compliquée. Etait-elle exécutée aux deux tiers lorsqu'elle tomba du chevalet sur une chaise qui la traversa. Etait-elle seulement éclose dans l'imagination du peintre ? Ce qu'il y a de certain c'est qu'il n'en reste pas trace, ni esquisses, ni dessin, ni la plus petite étude.

En 1865, Courbet exposa le portrait de Proudhon : c'est un tableau. Le célèbre socialiste est au milieu de sa famille, en costume de maçon, c'est-à-dire en blouse grise, en pantalon bleu, en gilet sale, et chaussé de souliers horribles. M<sup>me</sup> Proudhon est tout à fait chimérique ; les enfants qui jouent aux pieds de leur mère ne valent guère mieux. Le premier personnage, Proudhon,

est plaqué contre la muraille du même ton que sa
blouse philosophique. Pas un atome d'air dans
cette toile, qui est une des plus mauvaises peintures de Courbet. La critique se montra d'une
sévérité méritée. Bürger, qui n'est pas un classique, et qui admirait Courbet, déclara le tableau
très laid et très mal peint. Enfin, le fameux
démolisseur Proudhon fut lui-même mécontent, et
ne pouvait comprendre pourquoi on l'avait représenté aussi gris et aussi effacé. Cette décoloration
l'effrayait.

La *Femme au Perroquet* provoqua plus de dis-
cussions. Plusieurs fois Courbet s'était essayé
dans la peinture des formes nues, notamment dans
la *Dormeuse*, de 1847, dans le modèle de l'*Atelier
du peintre*, dans les *Baigneuses* ; mais cette fois
l'artiste, abandonnant les tons bistres, les bruns
surchauffés, peignait plus clair. Le fond du tableau
était dans une gamme d'un vert foncé. La femme
se détachait bien sur ces vigueurs. Rien de criard,
pas de fausse note. Tout était en harmonie.
L'œuvre attestait de plus, sinon du goût, du moins
du métier, une extrème facilité dans l'exécution.
L'artiste s'y montrait toujours réaliste ; certains
portraitistes s'attachent à faire luire la flamme de
la pensée, à faire transparaître la physionomie

morale sous les traits du visage, à montrer le
reflet de l'âme à travers le corps. Ici, Courbet
avait peint une bacchante, une courtisane amoureuse, couchée sur le dos, la tête renversée et la
chevelure ondoyante.

La critique ne put reprocher à l'artiste que de
légères incorrections de dessin. Elle prétendit,
non sans raison, que la jambe allongée ne s'arti-
culait pas visiblement et que l'extrémité en était
trop sèche, que la chevelure était trop symétri-
quement répandue en éventail, mais elle dut rendre hommage à la justesse des tons, à l'habileté
du maître.

La *Remise de Chevreuils* exposée à ce même
salon de 1866, excita une admiration unanime. Ces
animaux élégants, à la tête fine, prêts à fuir au
moindre bruit, cette eau transparente, ces rochers,
ces cailloux et ces mousses étaient rendus avec
une telle vérité que les adversaires du peintre
firent silence. L'artiste avait su approcher de bien
près la nature, mettre de l'air dans son paysage,
rendre la poésie, le charme, la fraîcheur des bois.

La même année, Courbet peignit une étude de
femme, la *Belle Hollandaise*, une jeune et plantureuse rousse, au teint limpide, qui soulève par un
des côtés son opulente chevelure et mire son

frais visage dans une petite glace à main. Le coloris est tout différent du coloris de la *Dame Espagnole*, qui pourrait servir d'illustration à un exemplaire des *Fleurs du mal*. Ici les joues sont nacrées, teintées de rose, et même de rouge. La figure est douce et honnête.

En 1867, Courbet ne se fit représenter au Salon que par quatre tableaux sans importance. Le *Lièvre forcé*, la *Voyante*, un *Portrait d'homme* et un paysage, le *Ruisseau couvert*, qui appartient à l'impératrice Eugénie. Le jury se montra sévère : Courbet n'obtint même pas une troisième médaille ; mécontent et voulant profiter de l'affluence d'étrangers qu'amenait à Paris l'exposition universelle, il tenta de renouveler au profit de sa gloire, l'expérience tentée en 1855, et organisa au rond-point du pont de l'Alma une exposition privée de 132 tableaux, deux sculptures, trois dessins. Mais le culte de la baraque foraine ne lui porta pas bonheur ; trop occupé à l'exposition universelle, le visiteur fut rare à l'exposition de Courbet. Cette exposition permettait cependant d'apprécier dans toute sa plénitude le talent du peintre, et contenait des peintures de prix. *La Sieste pendant la saison des foins*, la *Dormeuse*, la *Villageoise au chevreau*, les *Braconniers*, la *Pau-*

*rresse du village*, le *Naufrage dans la neige*, le *Départ pour la chasse*, le *Chêne de Flagey*, la *Source de la Loue*, l'*Ecluse de la Loue*, la *Fileuse bretonne*. On y voyait des marines, une *Vue de la Méditerranée*, le *Départ pour la Pêche*, la *Barque de Pêcheurs*, les *Roches noires à Trouville*, la *Trombe*, l'*Orage*, les *Dunes de Deauville*, ainsi que plusieurs portraits ; les portraits de Proudhon, de M. Armand Gautier, de M. Bruyas, de M<sup>lle</sup> Juliette Courbet, sœur du peintre.

En 1868 parut, avec le *Chevreuil aux écoutes*, l'*Aumône d'un mendiant*. Hélas ! le mendiant est hideux, la peinture est vide et creuse. Le tableau jeta le trouble parmi les partisans du peintre, et donna raison à ses adversaires, qui se disposaient à faire amende honorable et à rendre hommage au maître d'Ornans.

En 1869, l'*Hallali du cerf*, qui est au musée de Besançon, provoqua des critiques assez vives. Le cerf couché sur le flanc, les chiens accroupis, museaux en l'air et donnant de la voix sont peints avec une vérité saisissante, mais le cavalier ressemble à un écuyer de cirque. Le cheval est fantastique ; la lumière est diffuse ; les ombres des chiens sur le terrain blanc sont un peu noires ; puis les dimensions du tableau sont excessives : il est rare que les peintres aient reproduit des animaux aussi grands que nature. Roos et Paul Potter l'ont fait quelquefois, mais sans succès. Une telle dimension donnée à ce genre de peinture ne s'explique pas. Un tableau de chevalet peut produire la même impression qu'une toile immense, avec cet avantage qu'il éveille en nous le souvenir de la nature et de ses charmes, sans nous rendre aussi exigeants sur l'imitation de la réalité.

En 1870, Courbet se releva et redevint un peintre d'un vrai talent. En 1865 et en 1866, il était allé s'établir à Trouville et avait peint de nombreuses études d'après nature, des « paysages de mer, » comme il les appelait lui-même. La *Mer orageuse* ou la *Vague*, exposée au Salon de 1870, est une de ses meilleures peintures.

Forte, transparente, rugissante, écumante et bleue de l'azur d'un ciel d'été, elle se dresse sur la plage comme un aigle aux ailes déployées, terrible et menaçante, peut-être un peu trop solide. L'impression qu'on en ressent en l'admirant montre combien le maître était habile à saisir la nature, combien il savait en reproduire le poème incessamment rythmé par les voix du ciel et de la terre.

Un autre tableau, *La Vague*, qui n'est pas

sans analogie avec celui que nous venons de
dépeindre et la *Falaise d'Etretat* furent aussi fort
admirées.

Dans la *Vague* l'émotion est plus vive encore.
Les flots s'agitent, se gonflent et se couronnent
d'écume sous le vent des tempêtes, et les navires
gagnant le large fuient comme des oiseaux perdus.
L'eau a des chatoiements sombres d'émeraude.
Dans la *Falaise*, les rochers sont irréprochables
les fonds s'éloignent à l'infini ; le caractère très
remarquable des marines de Courbet, c'est l'espace, l'immensité qu'il sait leur donner.

Tel est le bagage artistique de Courbet, telles
sont du moins ses œuvres principales, car nous
avons dû laisser sur notre route une foule de pro-
ductions secondaires, d'esquisses, d'ébauches, de
paysages inachevés, et aussi certaines compositions
ordurières, dignes d'illustrer les œuvres du mar
quis de Sade, notamment un portrait de femme
vue de face, difficile à décrire, que Courbet
peignit pour un riche musulman et qui prouve que
l'artiste ne savait pas se respecter et dégradait
son métier jusqu'à l'abjection.

Il est aussi une collection précieuse que nous
aurions voulu étudier d'une manière toute spé-

ciale, mais l'espace nous manque, ce sont les
tableaux recueillis avec un soin pieux, avec un
sentiment d'admiration, de vénération et de tendre
et constante affection par M<sup>lle</sup> Juliette Courbet.
la sœur du peintre. Cette collection est d'autant
plus curieuse qu'elle nous permet d'apprécier
l'artiste à ses débuts, lorsqu'à Ornans il cherchait
encore sa voie. Elle contient des copies de
tableaux de maîtres, le portrait de Rembrandt et
un portrait de femme que l'artiste peignit à
Munich, des tableaux de genre, *Giotto dans l'atelier de Cimabuë*, les *Louis d'or*, etc., de nombreuses marines, de non moins nombreux paysages,
beaucoup de vues de Franche-Comté et des environs d'Ornans, des peintures que Courbet estimait tout spécialement, comme la *Fiancée de la
Mort*, la *Dame du Lac*, *Femme à la Source*, plusieurs portraits du peintre lui-même et des membres
de sa famille. Il faudrait sinon tout décrire, du
moins consacrer de longues pages à tous ces tré-
sors. Signalons du moins parmi les portraits, un
petit tableau où le peintre est assis se reposant
sous un arbre et admirant la nature, un merveilleux
portrait du père du peintre ; signalons aussi la
*Baigneuse*, une des plus splendides peintures de
l'artiste, qui n'est pas inférieure à la *Baigneuse*

exposée à Bruxelles en 1877. N'oublions pas de
fort beaux dessins qui prouvent que parfois
Courbet savait se montrer poète et n'était pas toujours l'ennemi de l'idéal.

L'Hallali, pages 55, 56 et 11

# GUSTAVE COURBET

# GUSTAVE COURBET



## III

Comme on le voit, l'œuvre de Courbet est considérable : malgré son goût excessif pour l'estaminet, sa vie a été des plus laborieuses ; il a travaillé jusque dans sa prison, ou du moins dans la maison de santé où il fut détenu à Neuilly. Il est peu de peintres qui aient autant produit, il en est peu dont les toiles soient aussi vivantes. Comme paysagiste, comme peintre d'animaux et comme peintre de marine, il reste vraiment un maître, et il a le secret, comme on disait au xviiiᵉ siècle.

Quel secret ? Le secret de la lumière, qui est presque tout en peinture, le secret de l'effet, de la couleur. Par le moyen de l'effet et de la couleur il donnait de l'intérêt aux choses les plus vulgaires, et arrivait parfois, en grattant, en frottant, en glaçant, en se servant de son couteau autant que de son pinceau, à faire un chef-d'œuvre d'un paysage des plus médiocres, d'un rocher, d'une falaise qu'il copiait avec une habileté qui touchait au génie.

Regardez un instant ces paysages, ces vallons verts de Franche-Comté, ces roches tapissées de mousses grises, ces intérieurs de bois où coulent des sources cachées, ces arbres à l'ombrage épais, à la sombre verdure, aux noires profondeurs. Est-il rien de plus vigoureux et de plus vrai, rien qui puisse donner de la nature une impression plus salubre, plus robuste, rien qui puisse mieux faire deviner la fraîcheur, le charme d'une forêt ? On s'imagine respirer le parfum, cette mâle exhalaison des bois, qui favorise les élans de la pensée.

Dans tous ses paysages la peinture est large, la touche franche et hardie. L'agrément, la justesse de sa couleur, ses beaux effets de lumière, séduisent le regard. Courbet excelle à peindre les allées sombres, les fraîches profondeurs, les dessous de bois que dore le soleil d'une lumière égale et douce ou qu'il perce de ses traits étincelants. Le ciel tient généralement peu de place dans ses compositions ; les coins d'azur sont ménagés pour détacher les profils du feuillage, et les arbres étendent leurs verts rameaux dans toute la largeur de la toile et semblent à l'étroit dans la bordure qui les encadre. Courbet peint de préférence les torrents, les rochers, les falaises, les forêts. Ce qui le distingue surtout, c'est l'exécution : c'est là qu'il faut chercher sa personnalité, sa puissance ; il a une habileté de main, une science de procédés presque sans rivales : à la différence de certains paysagistes qui ont des crudités de tons excessives, Courbet n'a que des tons caressants pour l'œil ; c'est ainsi que les teintes vertes de ses paysages séduisent le regard au lieu de l'aveugler : aussi l'on peut dire que de tous les maîtres peintres, non seulement de notre époque, mais de tous les temps, Courbet est celui qui s'est rapproché le plus de la vérité.

Ses paysages ne sont cependant que l'imitation servile de la nature, qu'il n'embellit jamais, dont il est l'humble esclave, qu'il raconte sans passion. Dès ses débuts, il s'était affranchi de toutes les

conventions académiques pour s'attacher avant
tout à la vérité, sans autre ambition que de copier
la nature comme il la voyait, mettant de côté toute
la vieille défroque des paysages historiques et
académiques, les collines qui s'étagent dans un
ordre harmonieux, les temples grecs, les nymphes
et les bergers, mais laissant aussi à l'écart le choix
et l'invention, dont une œuvre d'art ne peut se
passer ; reproduisant admirablement et fidèlement,
mais ne poétisant rien ; ne comprenant ni la chan-
son mystérieuse des grands bois, ni les éloquences
muettes de l'horizon : c'est ce qui le rend inférieur
aux Rousseau, aux Corot, aux Millet, aux Dau-
bigny. Toute sa vie il persista dans cette voie, non
par calcul, mais par impuissance ; impuissance
qu'il voulait transformer en qualité ; ne pouvant
atteindre à la poésie et à la noblesse dans l'art, il
essayait, en les repoussant, de se poser en nova-
teur. Ses contemporains le jugeaient sur ce point
à sa valeur, et M. Théophile Sylvestre a donné
de son talent comme paysagiste une juste appréciation lorsqu'il a dit : « Ses paysages sont vrais,
mais ils rendent seulement la vérité matérielle de
la nature, ils n'en expriment pas les vastes et mystérieux aspects »

Toutefois Courbet touche à la poésie lorsqu'il

peint la mer aux reflets variés, soit qu'elle frémisse
et écume sous la brise, soit qu'elle vienne molle-
ment expirer en minces lames d'argent sur le sable
du rivage ; nageur plus encore que chasseur, il
aimait la mer pour elle-même, comme il aimait
les frais vallons, les rochers et les bois ; il
ne se lassait point de la contempler. Grâce à son
tempérament prime-sautier qui lui permet de saisir au
vol et de fixer sur la toile les effets les plus rapides,
ses marines sont supérieurement touchées ; il sait
représenter à merveille la limpidité, l'immensité de
l'eau ; il peint la mer telle qu'elle apparaît à qui la
regarde du haut d'un navire ou de la plage, c'est-
à-dire qu'il réussit à en saisir le ton dominant,
l'aspect général, la masse ; il se montre simple et
vrai et cherche à produire un effet d'ensemble sûr
et puissant, plutôt qu'à suivre les caprices d'une
frange d'écume : le plus souvent il travaille avec le
pouce ou le couteau, et il arrive à donner ainsi
aux vagues ou aux falaises des premiers plans un
relief, un effet saisissant. Il se plaît à creuser sa
toile à des profondeurs infinies et à faire sentir,
par les dégradations de la touche, le degré d'éloi-
gnement des navires ; il réussit ses ciels, couverts
ou légers, non moins facilement que les flots. A
Trouville, un été, il fit trente marines en trente

jours, ne travaillant guère que deux ou trois heures ; à Etretat il eut la bonne fortune de pouvoir étudier de ses fenêtres, tantôt les flots apaisés se déroulant jusqu'au plus profond horizon, tantôt le drame éternel qui se joue en tous pays sur toutes les côtes, c'est ce qui explique la justesse, la précision, l'énergie sobre qui caractérise son œuvre.

A la différence de Joseph Vernet, il représente les calmes plutôt que les tempêtes, il sait surtout exprimer le frissonnement d'une eau tranquille, dont la surface est légèrement ridée par les moindres souffles du vent, les rougeurs d'un soleil descendant lentement dans l'infini de la mer étincelante. En vain chercherait-on dans ses compositions des personnages comme dans celles de Vernet ou de Bakhuisen. Pour eux la mer encadre une scène. Pour Courbet, l'Océan est le héros de la scène ; la mer, c'est la mer, et c'est tout. Ses marines représentent des horizons, des grèves solitaires, des plages de sable avec l'immensité de l'Océan ; ne nous en plaignons point. L'inhabité rend plus grand, et en présence de ces toiles étincelantes de lumière, où l'artiste a recherché la couleur, l'air, l'atmosphère lumineuse, on ne regrette point l'absence de figures.

Nous nous sommes longuement étendus sur

*Bords de mer, environs de Trouville*, page 165.

*Le philosophe Trapadoux*, pages 21 et 152.

cette partie de l'œuvre de Courbet, parce que
dans ses marines il se montre poète, parce qu'on
n'y rencontre pas les imperfections qui déprécient
certains de ses tableaux ; il est là véritablement
un grand artiste.

Comme peintre d'animaux, Courbet occupera
aussi un rang distingué : il excelle dans les scènes
de chasse. Le *Combat de Cerfs*, la *Remise des
Chevreuils*, le *Renard dans la neige*, sont des toiles
excellentes. La *Remise des Chevreuils* est même
empreinte de cette poésie des bois qui se rencon-
trait rarement sous le pinceau de l'artiste. L'*Hallali du Cerf*, qui fut payé trente-trois mille neuf
cents francs, est également l'œuvre d'un maître,
au point de vue de la composition comme au
point de vue du coloris. Les chiens se précipitent
avec ardeur, sortant des taillis et des fourrés. Il y
a de la vie, du mouvement, de l'action, dans ce
tableau qui rappelle les œuvres les meilleures des
peintres animaliers du XVIII<sup>e</sup> siècle. Les mêmes
qualités se retrouvent dans la *Chevrette forcée à
la neige*, dans la *Curée du Chevreuil* qui fut
exposée au salon de 1857 et qui fut acheté par le
club Allston de Boston, au prix de dix mille dol-
lars ; on ne peut reprocher au peintre que de ne
pas modeler suffisamment ses figures humaines ou

animales, de commettre des hérésies anatomiques
que l'œil signale à première vue, de manquer
parfois de dessin.

Ajoutons que Courbet a peint quelquefois le
portrait avec une vérité surprenante et une pres-
tesse d'exécution que peu de peintres ont égalées :
il l'attaque brutalement, sans souci des conventions, avec un seul parti pris, l'imitation absolue
de la nature ; grâce à son habileté de brosse, à
l'emploi du couteau, il arrive à des effets d'un
réalisme puissant ; il vise aux colorations hardi-
ment contrastées, aux tonalités vigoureuses ; au
point de vue de la couleur, certains de ses
tableaux sont des merveilles ; les portraits sont
traités d'une touche libre et mâle ; empâtés et
pleins de saillie, ils se distinguent par la solidité
du ton, l'énergie du modelé, le jeu de la lumière,
le prestige de l'effet, l'émail de la pâte. Les plus
remarquables de ses toiles sont celles où il s'est
peint lui-même. La tête de *L'homme à la ceinture
de cuir* est une œuvre de premier ordre. Il restera
le portrait de Courbet devant la postérité, avec
*L'homme au Casque*.

Il est deux qualités du maître que nous devons
signaler, la fécondité et la spontanéité.

Cette heureuse fécondité qui est le propre du

génie, lui a permis d'aborder tous les sujets, de
traiter tous les genres, de reproduire les spectacles multiples qui se déroulaient sous ses yeux. Il
est peu de peintres qui aient laissé des œuvres
aussi nombreuses et aussi variées. Quant à sa
spontanéité elle était reconnue par ses adversaires
les plus ardents. Avec son couteau à palette et sa
brosse il lui suffisait parfois de quelques heures
pour achever un tableau qui avait le charme et le
brillant d'une victoire facile. Il est des portraits
qui ont été terminés en deux séances. Quelle
leçon pour les impuissants qui croient encore à la
vertu de l'art difficile !

En résumé, nul ne sait mieux que Courbet cui-
siner une toile, préparer et appliquer les ragoûts,
les sauces, les patines et les divers ingrédients de
la peinture moderne. Il ne se contente pas de
peindre, il « crépit en pleine pâte, » selon sa
propre expression. Le couteau à palette joue un
rôle important. L'artiste en use avec une dextérité
surprenante : il en tire des effets extraordinaires,
la largeur d'exécution et la beauté du coloris ; le
plus souvent, terrains, ciel, eaux, feuillages, sont
faits avec le couteau : il n'emploie guère la brosse
que pour la figure humaine, et le pelage des animaux. Grâce à son procédé, à son habileté de

main, il donne à ses vagues le relief et l'éclat, à
ses rochers la solidité et l'imprévu des détails,
tout en laissant à la pâte du tableau la plus grande
finesse ; nul avant lui n'avait employé un procédé
qui produit des effets merveilleux.

Comme sûreté de main, comme coloration, il
ne relève d'aucune école, sa peinture est toute
personnelle ; elle a ses recettes, ses procédés
systématiques. Courbet use et abuse parfois de
l'empâtement, mais le plus souvent il peint en
pleine pâte, sans scories et sans aspérités, et ses
tableaux sont lisses comme une glace et brillants
comme un émail. Ses élèves ont cherché vainement à l'imiter ; pour réussir sa manière, il faudrait sa touche pleine d'énergie, de ressort et de
saveur, sa dextérité de main, son sens du pittoresque et de l'effet, son originalité et sa puissance.
Pour la manœuvre du pinceau, l'assortiment des
tons, la constitution des dessous, le ferme travail
des pâtes émaillées, Courbet restera un maître.

Grâce à son habileté dans l'exécution, dans le
maniement du pinceau, dans le procédé même, il
excelle à peindre la chair, la fraîcheur, l'éclat, le
blanc onctueux qu'il est si difficile de rendre. Ses
tons sont d'une rare finesse qui rappelle les plus
grands coloristes. Il a de délicieux empâtements

qui dévorent les contours pour mieux faire tourner la forme, qui achèvent le modelé et imitent à merveille la morbidesse des carnations, le grain de l'épiderme, le luisant et la transparence de la peau : il a de la légèreté dans les demi-teintes et dans les ombres.

Sans doute quelques peintures du maître ont des tons invraisemblables. L'artiste, dont le talent n'est pas toujours égal, méconnait parfois la vérité de la couleur et celle de l'effet : il s'inspire trop des vieux tableaux, notamment de l'école Polonaise, il apprécie et emploie à profusion les tons bitumeux ; il a peint des figures de femmes empreintes de bistre malpropre, ce sont des nudités par trop brunes, mais ces tableaux sont l'exception. Le plus souvent sa peinture révèle de brillantes qualités. Nous ne citerons que la *Femme au Miroir*, exposée à Bruxelles en 1860. Elle est en buste, de profil, le sein demi-nu, et révolutionna le monde des artistes, nos voisins : la *Baigneuse* qui est d'une coloration riche et vigoureuse et rappelle les grands flamands, Rubens, Jordaëns, et les grands peintres de l'école espagnole, Velasquez et Goya. Elle se détache sur le paysage vert d'une transparence printanière, et forme avec les tons qui l'entourent, le plus heureux contraste. D'une main elle se retient à une branche d'arbre, et plonge dans l'eau son pied gauche, saisie d'un léger frémissement. C'est une édition de *La Source*. L'effet est rendu avec une vérité admirable. Les mêmes perfections se rencontrent dans la *Femme nue* que possède M<sup>me</sup> Courbet, dans de nombreux tableaux qui ornent des cabinets belges, car c'est à des collectionneurs de Bruxelles qu'appartiennent les plus belles baigneuses du peintre, ses nus amoureux les mieux réussis.

Mais à côté de ces qualités éminentes, Courbet a ses imperfections. Il ne comprend ni la beauté, ni la grâce, ni l'idéal. Il est peintre, il n'est pas artiste. Lorsqu'il ne faut ni inspiration, ni imagination, ni goût, ni âme, lorsqu'il ne s'agit que de copier la nature, le plus souvent il réussit ; s'il faut l'embellir, il échoue. La réalité il la reproduit de la manière la plus parfaite, mais comme elle n'a habituellement rien d'idyllique, comme elle est dépourvue de poésie, de délicatesse, ses œuvres manquent, elles aussi, complètement d'idéal. Il le savait et ne peignait jamais une composition demandant de l'esprit d'invention, des frais d'imagination. Un jour il entreprit de représenter *Vénus et Psyché*, tâche difficile pour le maître réaliste. Psyché, Vénus, ces noms évoquent les images les plus gra-

cieuses. C'est la beauté et la grâce. la séduction
et la candeur, la sensualité et l'amour. Ces
déesses de la fable, il les a calomniées ; impossible de reconnaître dans *Vénus poursuivant Psyché
de sa jalousie*, la mère des grâces et la femme de
l'amour ; pourquoi choisir des modèles vulgaires ?
Pourquoi exhumer Vénus et Psyché si on doit
ainsi les maltraiter ? Le peintre comprit son impuissance et ne recommença jamais pareille tentative.

L'un de ses biographes l'accuse de créer des
types de laideur calculée, expression qui n'est pas
exacte ; Courbet n'y met pas tant de prétention,
et lorsqu'il crée des types de laideur, c'est sans le
vouloir, parce qu'il est incapable de créer des
types de beauté, d'élever la nature, de la poétiser.
Chez Millet, la laideur n'est jamais caricaturale ni
grotesque, elle s'accorde avec l'effet qu'elle veut
produire ; Millet sait de plus dégager des choses
rustiques une émotion solennelle, presque religieuse. Courbet est le représentant de l'art athée,
ne comprend rien à l'idéal, se sent incapable de
l'atteindre et n'essaie pas de le poursuivre.
Téniers aime les magots et en comble les kermesses qu'il se plaît à leur donner pour cadre, il
est volontairement grotesque ; Courbet ne cherche
pas le grotesque, il demeure commun ; mais à côté

de Téniers, il y a Terburg et Metzu, deux artistes
merveilleux dans les scènes familières ; il y a
Miéris et tant d'autres : aucun de ceux-là ne ressemble à Courbet.

Nous ne le comparerons pas davantage à Rubens,
qui tout en copiant la nature en est inspiré et
charmé, qui la transfigure, l'exagère non seulement
dans le sens de la beauté, mais dans le sens du
mouvement, de la vie agissante ; le corps humain
n'est souvent pour lui qu'un prétexte ornemental,
un superbe motif d'arabesque. Le grand artiste a
une manière, ou, pour nous servir d'un mot meilleur, un idéal, idéal robuste et vivace, qui fait du
maître d'Anvers le chef de l'école dans la peinture religieuse et historique, dans le portrait, dans
le paysage, dans la représentation des animaux,
des fleurs et des plus humbles choses. Rubens est
un génie hautain, aux allures de grand seigneur.
Courbet reste bohème et vulgaire. Mais, puisque
nous avons parlé de David Téniers, disons que
le naïf historien des paysans, des buveurs, devient
un peintre plein de délicatesse et de douce
coquetterie lorsqu'il représente sa jeune femme,
Anne Breughel, présidant un repas de famille ou
se promenant, blonde et vêtue de bleu, dans les
prairies qui entourent son petit château. Quel

La Rencontre, page 35, 36 et 157.

abîme sépare le peintre d'Ornans de ce maître éminent ! Quelle différence entre les œuvres de ce virtuose du pinceau et les *Demoiselles de village* et l'*Enterrement d'Ornans* ! Tous deux copient la nature ; mais dans l'un, c'est l'imitation servile ; dans l'autre, c'est le portrait vrai de scènes dont les acteurs sont grotesques, mais où la vie abonde et où la finesse de la touche, la naïveté de l'expression, sauvent le peu de distinction du sujet.

C'est surtout lorsqu'il entreprend de peindre la figure nue ou demi-nue, que les imperfections de Courbet apparaissent. Avec les grands peintres anciens et modernes, avec Raphaël, avec Ingres, le nu est chaste comme la pensée de l'artiste. Regardez la pensée exquise et originale où Ingres a symbolisé la *Source* : ce corps de jeune fille aux transparences nacrées est à lui seul une idylle qu'eût signée Théocrite ; c'est le type du beau absolu, c'est la pureté, c'est l'élégance sereine, le rythme harmonieux des lignes, c'est l'emblème de l'innocence, de la candeur, de la jeunesse. Tout autres sont les créations de Courbet. Je ne sais quel critique d'art a dit que les femmes ou les maîtresses des poètes ou des peintres symbolisaient toujours le caractère ou le style des artistes qui les ont aimées. Rien de plus exact.

Les vers d'Horace et d'Ovide ressemblent à
Chloé et à Julie ; Dante est mystérieux comme
Béatrix ; la peinture de Raphaël est belle et noble
comme la Fornarina ; Boucher est maniéré comme
les filles de l'Opéra ; les femmes que peint Courbet sont vulgaires comme lui ; ses figures nues
sont des figures déshabillées. La *Femme au Perroquet* par exemple, laisse assez voir les cordons
de sa robe dénouée, pour qu'on ne se méprenne
point sur son état, et pour que l'on sache bien que
ce n'est point une généralité fade et froide et qu'elle
a un nom propre, comme qui dirait Pamella ou
Thérésa. Le peintre qui idéalise, peint des figures
impersonnelles.

Les femmes de Courbet ressemblent à tout ce
que l'on rencontre, et quand elles seront rhabillées.
et que vous les retrouverez dans la rue, vous ne
les regarderez même pas ; elles n'expriment pas la
passion ; elles n'ont pas la grâce ennivrante des
femmes de Coustou, ni la séduction provoquante
des femmes de Boucher ou de Clodion ; elles
n'ont même pas la fraicheur de la jeunesse ; elles
sentent la grosse chair de fille : ce sont les peintures d'un gros viveur ; ce sont des courtisanes qui
provoquent et dégoûtent à la fois les sens ; on ne
peut même, pour l'ampleur. la lourdeur de leurs

formes, les comparer aux femmes de Jordaens.
Ces deux peintres ont obéi à des principes tout
différents. L'un visait à la beauté, qu'il faisait trop
plantureuse ; l'autre matérialisait la matière si nous
pouvons nous exprimer ainsi, et ne recherchait ni
la distinction ni l'élégance de ces lignes serpen-
tines que Hogarth a tant célébrées. Il lui manquait
le sentiment de la grâce et la vision de l'idéal. La
plupart de ses tableaux sont un produit brillant de
la palette, mais non pas une émanation de l'âme.

Aussi ces tableaux vous laissent froid, ils n'émeu-
vent point. Courbet, qui, selon son expression,
voulait appeler l'attention du riche sur les misères
humaines, a représenté souvent les misères du
pauvre, les labeurs de l'ouvrier, les souffrances de
l'homme des champs. Examinez l'*Aumône d'un
Mendiant*, les *Casseurs de pierres* ; ce sont de belles
pages de peinture, elles ne vous donnent ni frisson,
ni émotion. Le maître a peint l'aspect, l'épiderme
il n'est point descendu dans les profondeurs de la
vie : il a peint avec sa main, pas avec son cerveau.

Dans l'*Enterrement à Ornans*, le groupe des
femmes qui pleurent est rendu avec une vérité
absolue, la vérité de la douleur, une vérité que
l'on comprend : mais, en dehors de ces groupes,
tout le reste vous laisse froid et indifférent. Vous

chercherez vainement dans les œuvres du peintre une tête qui pense, une âme qui souffre.

On l'a dit avec raison, les tableaux de Courbet n'ont jamais révélé la moindre sentimentalité, la plus faible étincelle d'une tendresse ou même d'une pensée ; nature vulgaire et rustique, ce maître ouvrier ne sera jamais élevé au rang des grands maîtres. Il lui a manqué une certaine éducation première, la noblesse, la distinction. L'audace, même la tranquille foi juvénile ne pare pas à tout. Dans tous les chefs-d'œuvre sur toile, la poésie tient la moitié de la place ; ce n'est pas seulement le regard qui fait le peintre, c'est aussi l'âme, car elle va plus loin, c'est aussi la pensée, car elle s'élève plus haut.

Un critique américain, M. Munson Coan, a porté sur Courbet, en 1884, cette appréciation, qui est parfois trop sévère, qui cependant ne manque pas de justesse :

« Courbet restera toujours un peintre remarquable pour la vérité naturelle de ses paysages et de ses animaux ; mais si l'on met à part ses paysages, il était moins peintre qu'amateur de bruit, blagueur et raseur. Il ne peignait point par amour de la peinture, ni par amour de la beauté, ni même par amour de la laideur, comme tant de nos jeunes

réalistes anglais et américains, qui, rassasiés de
beauté, se vouent au culte de Notre-Dame de laideur. Courbet se souciait peu de tout cela, il était
né blagueur et moqueur, et ne peignait que pour
faire des charges. Comme il le disait lui-même, il
était l'historien-né des prêtres, il bâtissait toutes
sortes d'histoires avec sa brosse. Sous le rapport
de l'art pur, ses ouvrages ont une petite valeur,
sauf celle de la couleur: ils sont d'une brutale
vérité matérielle C'était l'égoïsme, non le dilet-
tantisme, qui se montrait partout dans les œuvres
de Courbet. Ses fautes comme peintre étaient
celles de son tempérament, de la grossièreté de
sa fibre nerveuse et de l'égoïsme. »

L'appréciation peut paraître sévère, elle est juste
et en partie fondée ; nous devons ajouter un mot.

Parmi les six ou sept astres qui composent
la grande constellation de la peinture, il en est
qui ont laissé des œuvres admirables et qui dé-
fient toute critique. Le Titien a peint des figures
de femmes qui sont, après les statues antiques, ce
que l'on peut imaginer de plus beau. Raphaël,
Rubens, Véronèse. Le Corrège, dont le pinceau
a des douceurs, des délicatesses incomparables,
ont, dans leur génie plein de hardiesse, créé
des chefs d'œuvre incontestés. Composition,

science du dessin, coloris, noblesse d'attitude, tout y est admirable. Il en est autrement des peintures de Courbet. En face de la nature humaine éclatent l'impuissance de son imagination et la faiblesse de son talent. Dominé par l'impression physique, il est l'esclave de son modèle, il ne voit que l'enveloppe extérieure, non le ressort du mouvement, l'esprit qui anime le corps ; il ne peut que copier servilement la nature.

Certains portraits de femmes sont souvent détestables. Le peintre est incapable de reproduire la grâce, l'élégance, le charme, la séduction ; il a en outre trop souvent le tort de costumer ses modèles d'oripeaux du plus mauvais goût, et il en fait parfois contre son gré des filles endimanchées. Ses portraits d'homme ne sont pas non plus sans défaut. Copiste fidèle, mais traducteur insuffisant de la physionomie, il n'a pas toujours pénétré jusqu'au caractère ; il n'a pas dégagé le rayon intérieur, montré le reflet de l'âme à travers le corps. A la différence de Paul Delaroche, d'Hippolyte Flandrin, il s'est trop contenté du dehors et des surfaces : il n'a pas suffisamment poursuivi le secret de la personnalité morale. Le portrait d'Hector Berlioz est une de ses bonnes peintures, abstraction faite de la ressemblance, qui, d'après

Berlioz, n'était point parfaite. Quant au portrait
de Proudhon, il était mauvais ; celui de Jean Journet fut jugé médiocre.

Ce que nous disons des portraits, nous le dirons
des paysages. Le talent du maître comme paysagiste n'est pas toujours égal ; dans beaucoup de ses
œuvres, l'air fait absolument défaut. Cette perspective de la lumière qui met les êtres et les choses à leur place, cette notion des distances,
Courbet ne les a jamais bien connues Puis, à
côté de tableaux que ses détracteurs les plus
ardents sont contraints d'admirer, comme la
*Remise des Chevreuils*, il peint des œuvres qui
manquent absolument de dessin, qui sont empreintes d'une vulgarité révoltante, d'une naïveté puérile, d'une gaucherie flagrante ; ses tableaux de
chasse n'en sont pas exempts. La *Chasse au
Renard* peut être cité en exemple. Le renard ressemble à un sanglier, les chasseurs à des singes,
les chiens à des chats. Cavalier et valet choquent
l'œil le moins exercé. Le *Chevreuil chassé aux
écoutes* présente les mêmes défauts.

Malgré toutes ses imperfections, Courbet n'en
a pas moins exercé une haute influence, il a ou-
vert des horizons nouveaux, il a été l'un des pré-
curseurs de l'école naturaliste.

Le dix-huitième siècle ne se préoccupait guère de copier, de reproduire la nature. Les artistes à la palette fleurie peignaient des paysages chimériques, des amours roses voltigeant dans l'azur, un temple sur la colline. C'était de la fantaisie ; la nature ils la dédaignaient ; à ces peintres spirituels et d'ailleurs bien français succéda l'Ecole rigide de l'empire qui entreprit de remplacer les frivolités du caprice par un art plus viril, qui voulut créer un style nouveau avec les vestiges de l'antique ; elle rendit à l'art d'incontestables services en professant hautement cette doctrine. que l'art ne peut vivre dans l'à peu près et dans l'inconsistance, qu'une forme doit être dessinée, et que pour construire une figure humaine il fallait constamment interroger la grande institutrice, la nature ; elle avait pour chefs David, Guerrin, Gérard, Léthiere, Girodet ; c'est l'école classique ; puis vinrent les romantiques qui suivaient la brillante, l'éclatante bannière de Delacroix, et les spiritualistes dont Ingres était le chef incontesté. Les romantiques avaient pour eux la couleur, ils avaient à leur tête non seulement l'auteur de la *Barque du Dante*, du *Hamlet*, de l'*Othello*, de l'*Ophélie*, mais les Delaroche, les Decamps. et, parmi les paysagistes, les Théodore Rousseau,

*Paysans de Flagey, Retour de la foire,* pages 23 et 155.

Bonington, Jules Dupré, Diaz et Rosa Bonheur : ils copiaient la nature, mais en l'embellissant, en la poétisant, en l'idéalisant.

A côté d'eux grandit toute une pléiade d'artistes qui n'eût d'autre but que d'élever l'art vers le sublime rayonnement du vrai, et qui constitue l'école réaliste ; Courbet, Troyon, Corot, Bastien Lepage, Manet et Jules Breton, en sont les principaux représentants. La plupart comme Troyon, Corot, d'Aubigny, ont eu le bon esprit de ne pas copier servilement, de choisir leurs sujets, de comprendre la nature en poëte. Avec eux la vision de la nature se colore et se transforme. Courbet a eu le tort de mépriser la flatterie et les compromis, d'être matérialiste, de ne pas assez se préoccuper de rendre les impressions, les sentiments, les mouvements de l'âme humaine ; de peindre sans choisir tout ce qu'il voyait, le laid comme le beau, le porc comme le lion, mais tout ces hommes éminents ont puissamment contribué à chasser de l'atelier les conventions et la routine ; ils ont ramené l'école française au sentiment de la réalité ; ils ont achevé l'œuvre commencée par Géricault ; ils ont tué le paysage académique ; ils ont fait justice des paravents de l'Empire, en remettant en honneur la clarté et la simplicité ; ils

ont peint le paysage moderne avec son drame, sa
mélancolie et son sourire, ils ont peint la nature
comme elle se comporte dans un rayon de soleil
ou dans les brouillards du Nord, l'ouvrier dans
sa mansarde, le paysan gai ou triste, bon ou mauvais, mais tel qu'il est. Sans doute ils n'ont pas
atteint la perfection. On dira que Millet s'est can-
tonné dans l'ombre du soir, et nous a donné de
vingt façons différentes les mêmes types d'hommes des champs, que Corot n'a pu sortir des
brouillards de Ville-d'Avray, que Bastien Lepage
a commis des erreurs, que Courbet, trivial et vulgaire, a peint selon son tempérament et a enlaidi
ses personnages. Tout cela est exact, mais n'en-
lève rien à la gloire de leur école ; ils ont ramené
l'art et l'ont retrempé à la source de vérité, ils
ont contribué à montrer au monde de nouveaux
horizons. Grâce à eux nous avons revu les colorations vigoureuses, la pratique virile et saine, le
maniement hardi du pinceau courant sur la toile
où reparaissaient le relief et la vie.

Est-ce à dire que cette école réaliste soit sans
défauts et ne mérite que des éloges ?

Les maîtres incontestés de l'art contemporain,
ce sont ceux qui, en comprenant la doctrine nou-

velle, les heureux résultats auxquels arrivaient les réalistes, ont su atténuer leurs principes et conserver leur individualité, ceux qui ont trouvé la mesure vraie et ont été assez habiles pour ne sacrifier ni la nature ni l'idéal.

Ce sont, parmi les paysagistes, Jules Dupré, Corot qui a fourni tant de peintures d'une poésie pénétrante, d'une fraîcheur de sentiment admirable, de véritables, d'éternels chefs d'œuvre. C'est l'austère Millet qui a peint le paysan et sa vie laborieuse avec un rare talent d'observateur et de poète, c'est Théodore Rousseau qui comptera au nombre des illustres. Ceux là racontent la terre avec ses émotions lyriques, avec un sentiment toujours élevé. Il y a dans leurs œuvres plus qu'un paysage : il y a la voix, l'accent, l'âme de la nature, je ne sais quel harmonieux poème qui se chante sous le ciel.

Parmi les peintres de figures, c'est au commencement de ce siècle, Prud'hon, un petit-fils de Corrège, qui mettait dans sa peinture quelque chose des tendresses de son âme, qui possédait au plus haut degré l'art de peindre les chairs, l'exquise élégance des formes : plus tard, après ce maître sympathique et charmeur, c'est Ingres, le

peintre spiritualiste qui recherchait l'idéal dans la
perfection de la forme, c'est Hippolyte Flandrin,
son élève, l'héritier de Lesueur, le premier peintre
religieux de notre temps, ce sont Paul Delaroche,
Delacroix, Decamps, c'est Meissonnier qui sait donner tant de vérités aux poses et aux physionomies
qu'on semble entendre ce que disent ses personnages ; c'est Jean Paul Laurens, Baudry, l'homme
des fortes études. Puvis de Chavannes, dont l'art
aux intentions sévères se prête peu aux exigences
d'une exposition, qui manque parfois de dessin,
mais qui sait revêtir de grands espaces, de vastes
murailles d'une merveilleuse parure ; c'est aussi
Gustave Doré, trop peu apprécié, qui malgré
certaines défaillances d'exécution n'en reste pas
moins un artiste des plus féconds, des plus ingé-
nieux, des plus puissants.

Parmi les portraitistes, c'est Henner, ce peintre
des carnations souples et vivantes, c'est Bonnat
qui marque ses œuvres d'un puissant cachet personnel, Carolus Duran, le maître, ou l'un des
maîtres coloristes de l'école française, le décora-
teur magnifique de la beauté mondaine ; Bougue-
reau qui fait preuve d'un dessin élégant et pur,
uni à un vigoureux coloris. Ils sont des réalistes
en ce sens que leur art a pour base la vérité, et

qu'ils traduisent la nature sans trahison et sans embellissement arbitraire, mais ils sont aussi des poètes.

# GUSTAVE COURBET

# GUSTAVE COURBET

Courbet se glorifiant lui-même. — Son orgueil excessif, ses vantardises. — Courbet dans sa famille, fils respectueux, frère dévoué. Son esprit de parcimonie, ses chansons, ses amis, sa prose, deux lettres. — Courbet au congrès d'Anvers.

## IV

Après l'artiste, étudions l'homme dans les traits principaux de son caractère, de son esprit et de sa vie.

Il arrive parfois que les œuvres des peintres ne sont que des miroirs fidèles de leur organisation et de leur nature. Ici, Courbet est en harmonie avec sa peinture ; il est, comme ses personnages trivial et vulgaire. Le séjour de Paris, ses relations nombreuses ne modifient point ses instincts, il reste toute sa vie un paysan robuste et madré, aux allures pesantes, à l'esprit lourd, ennemi de toute poésie, s'exprimant en matière d'art comme en matière religieuse avec une outrecuidance intrépide et une brutalité voulue.

Ce qui le distingue, c'est un sentiment d'orgueil, un amour-propre excessif. La plupart des artistes ont confiance en leur talent ; mais cette confiance en lui-même, Courbet la proclame avec une naïveté burlesque. L'estime qu'il faisait de son mérite est devenue légendaire ; il s'affiche hautement, se glorifie lui-même et ne s'effarouche d'aucun hommage. Les plus lourds pavés de la flatterie s'émoussent sur son épiderme ; il n'y a de vraiment grand que lui, Gustave Courbet. Tous les autres peintres anciens et modernes ne sont que des pygmées sans ombre d'intelligence ni de mérite. Les membres de l'Institut, les Ingristes, les prix de Rome, le Jury, les Beaux-Arts, l'administration, il les méprise, il méprise tout ce qui n'est pas Courbet et sa Cour. Intolérant, exclusif, il ne juge pas seulement les peintres, mais, sans hésitation, il condamne littérateurs, poètes, historiens, comme si son génie universel lui donnait l'intuition du vrai dans tous les arts. Il s'exprime avec un aplomb superbe sur tous les écrivains français, sur ceux-là mêmes qu'il connaît à peine. Parlant un jour de Molière, il s'écriait : « En voilà encore un que je dois tirer au clair : oh ! mais oui, il faut que je le tire au grand clair ! »

Pour lui, il n'accepte que les louanges sans réserve aucune.

Cet orgueil immense s'étale dans plusieurs de ses tableaux, dans *Mon atelier*, dans de très nombreux portraits ou il s'embellit et se poétise, dans la *Rencontre* ou *Bonjour Maître Courbet*, où le grand homme est représenté avec une barbe superbe et phénoménale, étendant sa grande ombre sur le sol, pompeux et solennel, surtout si on le compare à l'excellent et modeste M. Bruyas.

Ses récits, ses lettres étaient toujours empreintes d'exagération et de vantardise. En novembre 1865, il écrivait de Trouville à un ami : « Comme d'habitude je suis allé a Trouville pour trois jours, et j'y suis resté trois mois. Ce coup-ci je n'ai pas manqué mon affaire : j'ai grandi ma réputation du double, et j'ai fait la connaissance de tout le monde qui peut m'être utile. J'ai reçu plus de deux mille dames dans mon atelier, toutes désirant faire leur portrait, après avoir vu le portrait de la princesse Karoly et le portrait de M^me Aubé. Pour cela je serai forcé de rester à Paris, cet hiver. etc. »

Deux milles femmes ! C'est beaucoup. Pour

donner à ses paroles plus de couleur, Courbet ne craignait point d'altérer parfois la vérité, mais avec innocence, et finissait toujours par se persuader que ses récits étaient complètement exacts.

Les critiques d'art ne se trompaient point sur cette vanité excessive du peintre. Théophile Sylvestre disait de lui : « L'âme de Narcisse s'est arrêtée en lui dans sa dernière migration à travers les âges ; mais bien qu'il se soit toujours peint dans ses tableaux avec volupté, il ne se pâme réellement que devant son talent. Personne n'est capable de lui faire le dixième des compliments qu'il s'adresse à lui-même du matin au soir d'un cœur religieux et naïf. »

Proudhon, son admirateur et son ami, portait sur lui une appréciation à peu près identique et déclarait que le peintre se croyait un homme universel, mais qu'il fallait en rabattre : « Il se dit le plus personnel et le plus indépendant des artistes, oui indépendant de tempérament, de caractère, de volonté, comme les enfants gâtés qui ne font que ce qu'ils veulent, oui, personnel en ce sens qu'il est trop occupé de lui-même et quelque peu fanfaron de vanité. »

Cet orgueil, cette confiance en soi, nous

devions les constater. nous ne nous en plaindrons
pas trop.

Ce sont des sentiments qui se rencontrent chez
beaucoup de peintres. Gigoux dont nous avons
retracé la vie n'en était pas exempt. La présomp-
tion est souvent la vertu des forts, parce qu'elle
leur inspire confiance.

Cet orgueil a permis à Courbet de ne pas se
laisser intimider par la première attaque. de poursuivre sa route, de produire des chefs-d'œuvre
sans se soucier des critiques qui l'assaillaient, et
en conservant pure et fraîche sa manière de voir.
Modifier sa nature, brûler ce qu'il avait adoré,
s'amender, c'eût été s'amoindrir ; se corriger c'eût
été se perdre. Courbet a compris que du jour où
il cesserait d'être un excellent ouvrier en peinture,
il lui manquerait presque toutes les qualités qui
faisaient son originalité et sa force.

Sa vanité était d'ailleurs naïve, courageuse ; son
admiration pour lui-même était sincère ; il s'imagi-
nait vraiment avoir renouvelé la physionomie de
l'art. parce qu'il voyait juste et avait l'œil sensible.

Ce même homme. aux formes athlétiques, à
l'attitude énergique, n'avait de violent que l'amour-
propre. Les revers. les épreuves même légères,
le brisaient. « Nature tiède et molle, » a dit un

juge qui l'a bien connu, Théophile Sylvestre. Il
manquait non seulement de sens moral, mais de
rectitude, de fermeté d'esprit ; il faisait étalage de
ses doctrines avec l'apparente solidité d'un roc et
oubliait de les appliquer. Ces doctrines n'étaient
que paradoxes insensés ; il parlait à tort et à travers de grandes choses qu'il n'entendait point, au
congrès d'Anvers notamment, où il entreprit de
décréter la suppression de l'idéal, de cet idéal
qu'il était impuissant à atteindre, qui peut seul
créer des chefs-d'œuvre.

Dans ses relations du monde, il se montrait un
franc et bon vivant, un boute-en-train de fête de
village, d'humeur égale, parlant de lui sans cesse
pour exalter son mérite, n'attendant pas les éloges,
et commençant toujours par se faire sa part lui-
même, désireux d'étonner ses auditeurs par l'originalité de ses idées ou l'excentricité de ses
paroles ; il avait le verbe haut et le rire sonore, et
aimait à exprimer en termes fort peu relevés ses
théories sur l'art ; il choisissait pour auditeurs des
écrivains ou des artistes d'un talent médiocre,
évitant les peintres dont la supériorité le blessait ;
ne connaissant pas d'égaux, il s'entourait volontiers d'une troupe d'admirateurs toujours prêts à
le proclamer le plus grand peintre du monde ; il

en avait à Paris vingt ou trente, peintres ou littérateurs, qui lui faisaient comme une garde du
corps, et recueillaient pieusement sa phraséologie
pesante et vide.

C'est à la brasserie ou au café qu'il exposait
ses idées, en buvant de très nombreux bocks ; il
appréciait le vin, mais adorait la bière et les bonnes
rasades ; chercheur non point de l'idéal, mais de
la meilleure des bières, il vaguait de café en brasserie à la conquête du meilleur breuvage ; il
buvait sec et longtemps, sans paraître dépasser la
mesure. Il en était fier et racontait volontiers le
brillant succès, le triomphe qu'il avait obtenu à
Munich.

Dès son arrivée on lui demande s'il apporte des
tableaux : «J'apporte une grande soif, » répond le
peintre ; on s'installe dans une salle fumeuse et on
vide des chopes. Puis une grande lutte s'établit,
c'est à qui boira le plus : de quart d'heure en
quart d'heure, un bavarois s'affaisse sur le parquet. Les étudiants succèdent aux artistes, les
brasseurs aux étudiants : à une heure de la nuit,
on lève la séance. Courbet maître de lui regagne
son logis, laissant tous ses compagnons gisant sur
le champ de bataille. Le lendemain on fait au

peintre une ovation et on le réveille aux cris de :
Vive Courbet, vive le sublime buveur !

Dans sa famille, il était le meilleur, le plus respectueux des fils et aussi le plus dévoué des
frères ; sa vie au milieu des siens était pleine de
douceur, d'obligeance et de sagesse. Son père le
harcelait parfois de ses conseils ; se plaçant derrière la toile, et contemplant l'œuvre du peintre et
le paysage qui lui servait de modèle, il critiquait
tout, les arbres, les rochers, le gazon, l'eau et le
ciel. Inutile d'ajouter que les observations du
pauvre homme, fort inexpérimenté en matière d'art
et qui n'avait vu que des peintures d'enseigne ou
des images d'Epinal, étaient dépourvues de bon
sens. Le fils ne répondait pas, puis, exaspéré finissait par fermer sa boîte, enlever son pliant et disparaître.

On prétend que le père qui aimait à économi-
ser, avait légué à son fils sa passion de l'or, son
esprit de parcimonie. On raconte à ce sujet de
nombreuses anecdotes : nous n'en citerons qu'une.

Un jour le peintre s'en alla en villégiature chez
Me Laurier, dans le département de l'Indre, avec
Pierre Dupont et quelques amis. Le jeune avocat
venait de perdre son père, et chaque semaine on
découvrait dans une cachette plus ou moins bien

*Mon atelier*, pages 44 à 46 et 158.

dissimulée, quelques rouleaux d'or, quelques billets
de banque ou valeurs de Bourse. Courbet profi-
tait de la vie des champs pour travailler avec
ardeur : Pierre Dupont composait des chansons.
Le poète n'était pas riche, et se trouvant seul avec
le peintre lui demanda de lui prêter une modique
somme de quinze francs. « Quinze francs, lui dit
le peintre, y penses-tu ? Je n'ai pas un rouge
liard. » Pierre Dupont dut se contenter de cette
réponse : le lendemain les domestiques de Laurier apportèrent à leur maître une vingtaine de
louis et des médailles d'or et d'argent, enfermés
dans une immense chaussette. On crut que c'était
encore un trésor recueilli et caché avec soin par
le père de l'avocat. Mais c'était Courbet que l'on
avait dévalisé : sur l'une des médailles d'or était
gravé son nom.

L'anecdote est-elle vraie ? Peut-être, mais si le
peintre avait des accès de parcimonie, il savait
aussi se montrer généreux : il vint souvent en
aide à des compatriotes, à des artistes malheureux, avec un empressement et une bienveillance
qui doublaient le prix du service rendu.

Bien que professant le plus profond mépris
pour les poètes, il daigna lire Gœthe et essaya
même de peindre un tableau allégorique destiné

à résumer le grand poète allemand, la *Nuit de Walpurgis*. Peu de gens ont vu cette peinture qui devait être curieuse. Le peintre eut le courage de reconnaître qu'elle ne lui vaudrait pas une haute réputation, et la sacrifia lui-même en peignant sur cette même toile fantastique un autre tableau, les *Lutteurs*. Il ne s'attarda pas longtemps à méditer sur le poète allemand, pas plus que sur les littérateurs et les romanciers, ce qui ne l'empêchait pas d'émettre sur des livres qu'il n'avait jamais lus les appréciations les plus bizarres. Peu d'écrivains trouvaient grâce devant ses jugements. Il n'estimait que Proudhon, Beaudelaire, Max Buchon. La prose de Proudhon lui était pourtant inconnue. Le traducteur des poésies d'Hébel, le salinois Max Buchon, lui rappelait son pays, les sites, les chansons, les paysans de Franche-Comté. En littérature il goûtait surtout ce qui était faux, scandaleux, exagéré ; en musique, il préférait à Rossini ou à Mozart, le *Pied qui remue*, les *Petits Agneaux*, la *Gardeuse d'ours* ; il se croyait musicien et même poète ; il composait des chansons en vers, mais en vers blancs, chansons qu'il mettait lui-même en musique et qu'il chantait d'une assez jolie voix dans les réunions d'amis : nous l'avons entendu dans le salon de Francis Wey, en

1858 ; nous donnons ici une de ses poésies . . ...
blanches :

Tous les garçons chantaient
Le soir au cabaret qu'ils étaient réunis.
Tous les garçons chantaient,

Répétant ce refrain :
Tra. la la la la. lou lou lou. la  *bis)*
Trou lou lou lou lou.
Le premier qui chanta
Raconta ses amours.

I

Quand j'étais chez mon père
J'avais une amoureuse ;
Jeannette ma voisine
Avait mon sentiment ;
Le soir à la veillée
J'étais à ses côtés ;
Nos yeux parlaient d'amour,
D'un amour sans détour.

II

Le maire qui était riche
S'avança pour lui plaire.
Tra la la la. Trou lou, lou la
Lui dit doucement :
Il faut nous marier,
La belle! si vous m'aimez
Tous mes biens vous aurez.

III

Le soir des fiançailles
Je pleurais l'infidèle ;
Nuitamment dans ma chambre
Elle s'en fut me trouver ;
Me dit : Mon tendre amour,
Je t'apporte mon cœur ;
Si la fille n'est à toi,
Tu auras ses amours !

Le plus souvent ses improvisations étaient moins poétiques ; un coin de ciel bleu, un verre de vin, une grosse femme, *lon lon, la !*

Sa notoriété, sa facilité de relations lui conquit de nombreux amis qui ne lui restèrent pas toujours fidèles, sa vanité excessive, son exaltation politique venant souvent briser d'anciennes relations : il fut lié, en Franche-Comté, avec le disciple de Champfleury, le Salinois Max Buchon, avec le sculpteur Max Claudet, avec le peintre Arthaud ; à Paris, il vécut quelque temps dans l'intimité de Sainte-Beuve, qu'il eut l'occasion de rencontrer en 1862, et à qui il confia son projet de décorer de vastes peintures les gares de chemins de fer. Cette pensée n'était point nouvelle et avait déjà été agitée, en 1848, dans les réunions intimes de la *Démocratie pacifique* ; elle séduisit Sainte-Beuve, qui la crut neuve et qui trouva

que Courbet était non seulement un peintre
vigoureux et solide, mais qu'il avait des idées.
Cette intimité entre l'éminent écrivain à la plume
fine et élégante, et le peintre au langage et aux
habitudes vulgaires, a quelque chose d'étrange.
Sainte-Beuve aimait sans doute à étudier ce tempérament d'artiste si dissemblable du sien, et
appréciait surtout son talent. Il compta pour ami
Francis Wey, son compatriote, dont il fit le portrait, le dessinateur Carjat, qui lui a consacré une
longue poésie et qui était un de ses admirateurs
les plus enthousiastes. M. Castagnary fut un des
premiers à deviner en lui un artiste vigoureux et
puissant, à contribuer à sa réputation naissante, et
lui donna en toute occasion des preuves d'un
inaltérable dévouement. Il l'avait connu fort jeune,
avait encouragé ses premiers efforts ; il le soutint
constamment contre les attaques, les critiques
violentes, et lui resta attaché dans la mauvaise
fortune, jusque sur le banc de la cour d'assises,
lorsque des amis moins sûrs se retiraient du
peintre. M. Castagnary poussa l'amitié jusqu'à
soutenir, dans une brochure, que Courbet était
resté étranger au déboulonnement de la colonne,
qu'il ne s'était trouvé mêlé à la Commune que
pour sauver du pillage ou de l'incendie les musées

nationaux. et qu'il avait été victime de haines politiques aveugles. Enfin, nous devons mentionner
aussi, parmi les amis de Courbet, MM. Champfleury, Jules Dupré, Français, Gigoux, qui estimait sa peinture vigoureuse et le regardait comme
un vrai maître, et le sectaire utopiste Pierre-Joseph
Proudhon.

Le peintre réaliste et le lutteur plein d'audace
étaient faits pour s'entendre et se comprendre, ils
avaient tous deux un singulier caractère de force,
de l'entêtement, de la placidité au milieu des
insultes, et une disposition à rechercher ce qui
peut sinon faire scandale, du moins irriter la délicatesse du goût. Tous deux appréciaient le paradoxe. Enfin le critique d'art qui qualifiait de niai-
serie l'œuvre de Delacroix, qui condamnait au feu
la *Vierge à l'Hostie* de M. Ingres et « toutes les
lubriques mysticités qui lui ressemblent, » qui
râtissait la *Smala* et demandait qu'elle fut enlevée.
dégraissée, puis vendue comme filasse au chiffon-
nier, devait plaire à Courbet, qui aimait lui aussi
à proscrire les uns, à exterminer les autres et à
se poser en prophète déchirant les voiles de
l'avenir. De son côté, le maître d'Ornans avec
ses compositions cyniques et vulgaires. sa négation
de tout idéal ne pouvait déplaire à Proudhon.

Toutefois l'amitié de l'écrivain ne l'empêchait pas d'asséner sur le peintre les plus dures critiques que l'on soit en droit d'attendre d'un compatriote et d'un ami.

Un jour, après avoir contemplé un tableau de Courbet, et quel tableau, le *Retour de la Conférence*, après avoir écouté les plaintes du peintre, Proudhon qui « ne savait rien de l'art » c'est sa propre expression, qui n'avait pas « l'intuition esthétique, » qui déclarait manquer « de ce sentiment prime-sautier du goût, qui fait juger d'emblée si une chose est belle ou non » eut l'idée de composer un livre sur « le principe de l'art et sa destination sociale ». Le tableau des *Curés* ou le *Retour de la Conférence*, cette « joyeuseté picturale » qu'on a nommée plus justement une mauvaise action, fut le motif du plaidoyer, le texte du sermon, la préface et la conclusion du livre, la porte d'entrée et de sortie de l'édifice. On s'embarque avec Courbet et après avoir parcouru les régions les plus excentriques, l'art égyptien, l'art grec, le moyen-âge, la renaissance, la réforme, la révolution, etc., on débarque avec le peintre. Aux premières étapes, c'est partout l'éloge sans réserve, sans restriction aucune de son talent. Proudhon nous sature de ses œuvres, nous fati-

gue avec une candeur enfantine de ses appréciations ultra-bienveillantes ; puis vient une volte-
face complète. A la fin du livre le peintre n'est
plus qu'un « artiste incapable de construire ses
pensées », « apologiste de l'orgueil, » n'ayant que
des intuitions sophostiques. Le critique va plus
loin et ajoute : « Je crains fort que, tout en lui
rendant pleine justice et en lui faisant une position
splendide, il ne se trouve médiocrement satisfait.
Ne l'aurai-je pas défini, classé, catalogué, mis à
sa place ? Qulle audace ! sa réputation y gagnera (?)
mais sa vanité en souffrira. Essayez donc de contenter ces Messieurs. »

Ainsi parlait l'ours de la fable.

Proudhon, était on le voit, un ami sincère, mais
pas tendre.

Enfin, à côté des amis de cœur, sincèrement
dévoués et bons pour Courbet, il y avait tout un
groupe de farceurs qui se plaisaient à rire à ses
dépens, abusaient de sa naïveté et de sa confiance
en son mérite, et lui persuadaient qu'il était éco-
nomiste, moraliste, philosophe, homme politique,
créé et mis au monde pour régénérer l'humanité,
comme il régénérait la peinture. Ils s'amusaient de
ses bévues, de sa vanité encombrante, de ses
récits stupéfiants, de ses vantardises ineptes. Ils

La Fileuse, pages 34, 35 et 156

contribuèrent à troubler la cervelle de ce pauvre homme, ce qui n'était pas très difficile. Au nombre de ces amis dangereux nous devons placer Jules Vallès, Vermorel, etc.

Il était difficile que, dans l'infatuation de sa vanité, Courbet ne crût pas avoir le génie de la sculpture, comme celui de la peinture : il s'essaya, en effet, dans l'art de Phidias, et la ville d'Ornans possède de lui *un petit Pêcheur en Franche-Comté*. La nature est copiée aussi fidèlement qu'il était possible à un ciseau peu exercé. L'œuvre n'a rien de remarquable, rien de ce qui constitue le mérite d'une sculpture, ni élégance ni beauté dans les formes. Ce n'est pas la seule fois que le peintre eut la fantaisie de sortir de son domaine. En 1844, il fit à Salins un médaillon qui est un portrait. Nous connaissons en outre de Courbet un buste mouvementé de la République helvétique, destiné à la décoration d'une fontaine à la Tour de Peilz, et un bas-relief qu'il appelait la *Mouette* ou l'*Emblème du lac de Genève* ; c'est une assez jolie figure de femme, coiffée d'une mouette aux ailes déployées. Tout cet ensemble constitue des œuvres honnêtes, rien de plus. Mais Courbet s'estimait aussi grand sculpteur que grand peintre.

Il se croyait dessinateur habile, et plein d'esprit, supérieur à cette phalange d'artistes qui ornait le livre, romans, fables ou récits de voyages, d'admirables fantaisies, d'intelligentes vignettes et qui avait pour chefs Grandville, Tony Johannot, Wattier, Karl Girardet, Roqueplan, Gigoux. Il voulut à diverses reprises prouver son talent. Les vignettes des *Essais poétiques* sont l'œuvre de l'inexpérience enfantine, ce n'est même pas la médiocrité, c'est la nullité dans son niais épanouissement. Les dessins et eaux-fortes de l'*Histoire anecdotique des cafés et cabarets de Paris* et les illustrations du *Camp des Bourgeois*, petit volume qui parut en 1868, ne sont guère meilleurs. Il en est de même des quatre dessins qui se trouvent dans une brochure imprimée dans cette année sous ce titre, *La mort de Jeannot*, et des six dessins qui prirent place à l'exposition de Gand en 1868, et que l'on retrouve dans une autre brochure : *Les curés en goguette*. Ce sont des charges, des caricatures qui rappellent les plaisanteries lourdes du peintre d'Ornans, mais que ses admirateurs ne peuvent revendiquer comme un titre de gloire. Il n'y a ni finesse dans la composition, ni dessin dans l'exécution. *Jean Bruno* ou *Les misères des Gueux* ne valent pas mieux. Le maître n'était plus jeune ; il venait de subir les dures épreuves d'une

longue détention, d'une comparution devant ses
juges, il n'avait plus l'ardeur, la confiance en lui-
même, il travaillait pour vivre, pour satisfaire ses
créanciers. Aussi les amis faisaient-ils le silence
sur cette excursion risquée de Courbet dans le
livre illustré, et lui-même n'en disait mot.

Malgré un séjour prolongé au collège, Courbet,
comme beaucoup d'artistes, n'était que peintre.
« La plume, a dit Proudhon, pesait à sa main
comme une barre de fer à celle d'un enfant. » Il ne
savait ni parler ni écrire, il était même incapable
de construire, de classer ses pensées. Les peintres
habiles à manier la plume et le pinceau sont rares ;
on ne rencontre guère dans notre siècle que Fro-
mentin, Gustave Doré, Henri Regnault, Hippolyte
Flandrin, Eugène Delacroix, un érudit qui savait
l'histoire des arts en Grèce, en Italie, à Anvers,
à Paris et qui aurait pu être un critique de
talent autant qu'un grand artiste. Courbet n'exis-
tait pas comme écrivain. L'orthographe il faisait
parade de la dédaigner ; en réalité il l'ignorait
absolument. Le plus souvent il recourait à une
main amie pour écrire ses lettres. Une discussion
s'éleva entre lui et M. L....., un de ses élèves, à
qui il avait demandé de lui commander une toile.
Le grand homme voulait contraindre son secré-

taire à écrire le mot toile avec deux *l*. On con-
sulta le dictionnaire, mais Courbet refusa de se
rendre à l'évidence, et prétendit que le dictionnaire « était un vieil abruti », que les mots devaient
s'écrire comme ils se prononçaient, que l'on était
bien libre d'écrire le corps des mots selon sa fantaisie, que la première et la dernière lettre étaient
seules indispensables, que d'ailleurs Napoléon Ier
ne savait pas l'orthographe, que c'était pour ce
motif qu'il s'était fait une écriture illisible.

Cette ignorance lui causa parfois des ennuis
qu'il oubliait vite.

Un jour, M. Hollender, de Bruxelles, lui
demanda des tableaux ; le prix ne lui paraissant
pas suffisant, le peintre refusa. Mais il n'avait pas
d'élève, pas d'ami, pour rédiger sa réponse ; il prit
lui-même la plume, et s'escrima avec la feuille
de papier. Il était persuadé qu'il avait joué un bon
tour à l'amateur de Bruxelles et il s'en vantait
lorsque celui-ci pour se venger du refus de l'artiste, imagina de publier sa lettre dans un journal
artistique d'Allemagne. La prose était hérissée de
fautes grossières, ce fut un hourrah contre le
peintre.

Mais ces mésaventures ne lui enlevaient rien de
sa haute confiance en lui-même. Il lui fallait de la

réclame, il aimait à occuper le public de sa personnalité. Malgré sa culture intellectuelle incomplète, il voulait à tout prix se produire. Une de
ses lettres est restée fameuse, celle qu'il adressa
le 25 décembre 1861, à quelques jeunes peintres
qui avaient résolu d'ouvrir un atelier et de lui en
confier la direction. Cette lettre qui est évidem-
ment l'œuvre d'une main amie, contenait l'exposé des théories du maître, théories qui étaient
l'affirmation du réalisme et la négation absolue de
l'idéal. Courbet y déclarait que « l'art en peinture
ne pouvait consister que dans la représentation
des objets visibles et tangibles pour l'artiste ; » il
ajoutait « que la peinture était une langue toute
physique, et qu'un objet abstrait, non visible, non
existant, n'était pas du domaine de la peinture. »
Il déniait à l'artiste le droit d'élever, d'embellir,
de poétiser la nature, comme si l'idéal n'était point
l'essence même de l'art, comme s'il était possible
d'enchaîner l'âme humaine, de la soumettre à la
servile reproduction de ce qui existe.

Plus tard, en 1870, nous retrouvons encore
la prose du peintre. Cette fois il est mal inspiré : il parle de fraternité des peuples, quand
la France est envahie, quand on entend chaque
jour approcher les armées ennemies. Le 29 octobre

1870, il n'est pas plus habile ; il lit à l'Athénée deux
lettres, l'une à l'armée allemande, la seconde aux
artistes allemands ; c'est un tissu d'incohérences,
de sottises, d'inepties. Les deux lettres sont bien
de lui, elles sont peu connues, nous en détachons
un fragment :

## A L'ARMÉE ALLEMANDE

« L'hiver approche, mes pauvres gens, et vous
frappez à notre porte avec de gros marteaux.

« Ah ! nous vous entendons bien : vous croyez
que chez nous c'est toujours fête et que nous
sommes encore en 1867 ; vous avez pris goût à
notre hospitalité, mais ce ne doit pas toujours être
à notre tour.

« Comme les assiégeants de Troie, aujourd'hui
vous frapperiez pendant dix ans qu'on ne vous
ouvrirait pas. En ce moment nous ne pouvons rien
faire pour vous ; passez votre chemin.

« Passez votre chemin ! les temps sont durs et
justement nous nous mettons en ménage : dans la
prévision d'une famille, nous devons être économes,
car notre fiancée n'a pas d'argent. Cette année
nous ne sommes pas riches, nous n'avons pas de

foin dans nos bottes et pas même pour nos chevaux.

« Passez votre chemin ! vos oremus ne me tou-
chent pas ; etc..... »


Voici la fin de ce morceau de haut goût :


« Vous parlez de civilisation ! Je vous ai vus à
l'œuvre, je vous ai vus ne sachant pas inviter
quelqu'un à dîner ; je vous ai vus chez vous non
pas manger (sur une table sans linge), mais
engloutir de la nourriture quatre fois par jour ;
j'ai vu vos paysans ayant dans la poche une cuil-
lère et une fourchette dans un étui, un couteau à
chaînon, une pipe en porcelaine semblable à un
huilier) à chaînon ; des florins en guise de boutons
d'habits, et des bottes en sautoir avec des fers de
mulets aux talons..... et un chapeau vert ; puis
chacun lisant la Bible en guise d'instruction.

« Je ne suis pas contrariant, mais vrai, je crois
que vous ferez *four* au Boulevard Italien !

« Croyez-moi, retournez chez vous encore un
peu. — J'irai vous voir.

« Retournez dans votre pays ! vos femmes et
vos enfants vous réclament et meurent de faim.
Nos paysans qui sont venus lutter contre vos cou-

pables entreprises, sont dans le même cas que
vous.

« En rentrant, criez : « Vive la République !
A bas les frontières.... » Vous n'avez qu'à y
gagner ; vous participerez à notre pays en frères. »

Les autres lettres que nous avons eues entre les
mains ne donnent pas une meilleure idée de la
littérature du peintre ; elles montrent qu'il n'eut
jamais qu'une culture intellectuelle incomplète ;
nous n'en citerons qu'une seule, elle est curieuse :
le déboulonneur de la colonne se plaint au préfet
du Doubs d'une mutilation d'arbres dans la ville
d'Ornans.

« Ornans, 26 mars 1872.

« Monsieur le Préfet,

« Il se passe en ce moment une mutilation
impossible à supporter, sur les arbres des Iles
basses à Ornans ; cette mutilation est commandée
(il faut le croire) par une administration incompé-
tente en semblable matière, et exécutée par des
ouvriers ineptes qui cherchent à faire du bois seulement.

« Je vous prie, au nom des habitants de mon
quartier, de vouloir bien interdire ce vandalisme.

« Il n'y a autre chose à faire que de couper les quelques branches qui peuvent tomber sur les passants par manque de vitalité, et par des gens du métier.

« Veuillez m'excuser, Monsieur le Préfet ; c'est l'empressement qui me fait écrire de cette façon et par la crainte que j'ai de voir détruire une place si sympathique à la ville d'Ornans.

« Veuillez recevoir, Monsieur, mes salutations les plus distinguées.

« Gustave COURBET,
« Peintre. »

Si nous multiplions ces citations, c'est pour établir bien nettement par le style même de ces lettres, que Courbet ne peut être l'auteur des nombreux écrits qui lui sont attribués. Ils sont l'œuvre d'écrivains réalistes, heureux de produire sous le nom du peintre leurs théories sur l'art.

Ses discours ne valaient pas mieux que sa prose.

Au congrès d'Anvers, en 1861, Courbet voulut exposer ses théories sur l'art.

« Le fond du réalisme, dit le peintre orateur, c'est la négation de l'idéal, à laquelle j'ai été amené depuis quinze ans par mes études, et qu'aucun artiste n'avait osé affirmer catégoriquement.

« *L'Enterrement à Ornans* a été, en réalité l'enterrement du romantisme, et n'a laissé de cette école de peinture que ce qui était une constatation de l'esprit humain, ce qui avait le droit d'existence, c'est-à-dire les tableaux de Delacroix et de Rousseau.

« L'art romantique, comme l'école classique, était l'art pour l'art. Aujourd'hui d'après la dernière expression de la philosophie, on est obligé de raisonner même dans l'art et de ne jamais laisser vaincre la logique par le sentiment. La raison doit être en tout la dominante de l'homme. Mon expression d'art est la meilleure, par ce qu'elle est la seule qui ait combiné tous ces éléments. En concluant à la négation de l'idéal et de tout ce qui s'en suit, j'arrive en plein à l'émancipation de l'individu et finalement à la démocratie. Le réalisme est par essence l'art démocratique. »

Comme langage c'est médiocre, comme vantardise c'est complet.

Il était difficile d'enterrer avec plus de sans façon les grands idéalistes de tous les temps.

d'attaquer plus maladroitement les artistes qui prenant la réalité pour base de leurs études, ont essayé d'élever, d'embellir, de poétiser la vie, la nature, la réalité humaine.

CHEVREUILS SOUS

IS  MUSÉE DU LOUVRE)

# GUSTAVE COURBET

# GUSTAVE COURBET

Courbet homme politique — Pendant la Commune. — Nommé à la
présidence des Arts. — Arrêté et conduit à Versailles. — Courbet
devant le Conseil de guerre. — Son attitude. — Les faits imputés à
l'accusé. — M᷈ Lachaud. — La condamnation. — L'opinion publique
hostile au déboulonneur. — Son séjour en Suisse. — Ses dernières
années. — Réaction en faveur du peintre. — Une exposition de ses
œuvres. — Le jugement de la postérité.

## V

De tout temps Courbet s'était déclaré républicain ; en 1851, divers journaux avaient reproduit une
de ses lettres où il disait : « Je suis non seulement socialiste, mais bien encore démocrate et
républicain, en un mot partisan de toute la Révolution. » Vers la fin de l'Empire il avait refusé avec
éclat la croix de Chevalier de la Légion d'honneur,
ce qui lui avait valu les félicitations des « irrécon-
ciliables ». Peut-être si on l'eut nommé grand-croix

d'emblée, eut-il daigné accepter. Inutile de dire qu'en 1870 Courbet, qui s'était glorifié d'avoir créé la démagogie dans la peinture, et qui faisait profession d'athéisme, devait acclamer l'avènement de la République. Il était alors à Paris et se jetait dans le mouvement. Le vent qui, le 4 septembre, portait Jules Favre aux affaires étrangères, Glais-Bizoin et Rochefort à l'Hôtel-de-Ville, le plus vieux des Arago et M. Jules Mahias à la mairie de Paris, porta Courbet à la « présidence des arts. »

On sait comment il fut élu. Le 5 septembre, quelques artistes parmi lesquels MM. Daumier, Veyrassat, Feyen-Perrin et Lansyer, peintres, Braquemond, graveur, s'étaient réunis pour sauvegarder les richesses des musées que l'on disait mises au pillage. Courbet s'arrogea la direction des travaux de ce comité, et en fut nommé président par ses collègues.

Il est évident que cette commission représentait plutôt un parti politique que l'art français contemporain.

Ceux qui s'intéressaient aux arts furent même fort surpris d'apprendre que Courbet était chargé de les représenter et que ce peintre, qui déclarait tenir la tradition en profond dédain, portait quel-

que intérêt aux œuvres de Raphaël, du Corrège,
et de tant d'autres qui avaient peint des sujets
qu'ils n'avaient pas matériellement vus.

Au début, cette présidence ne pouvait d'ailleurs
donner aucun ennui à Courbet : la commission et
son président se bornèrent à se promener dans les
galeries du Louvre, afin de s'assurer qu'aucun
tableau n'avait été détourné du musée.

Malheureusement pour mettre le comble à sa
gloire, l'artiste n'imagina rien de mieux que de
couronner sa carrière par une équipée de communard.

Il n'avait cependant aucune des qualités ni aucun
des vices qui mènent aux succès politiques : il aimait
la liberté des mœurs et du costume, il se complai-
sait dans l'atmosphère des estaminets ; peu lettré,
pas orateur, il n'était d'aucune utilité à la démagogie : dans un gouvernement insurrectionnel,
il ne pouvait apporter ni une idée, ni une convic-
tion, ni un caractère : il n'était pas du nombre des
croyants et ne savait pas lui-même nettement ni ce
qu'il voulait, ni ce qu'il pensait. Comment n'a-t-il
pas vu qu'il allait faire piètre figure dans la mauvaise compagnie du 18 mars, qu'il y serait le dernier parmi les derniers ? C'était à prévoir : il faut
croire qu'il ne le prévoyait pas.

Le pauvre vaniteux eut le tort de se croire un universel, alors qu'il n'était que peintre ; il fut victime de son ambition ; son amour-propre avait été satisfait. N'avait-il pas la haute-main sur les beaux arts ?

La fréquentation des politiciens de cette époque lui fut fatale.

Il fut arrêté le 7 juin, dans des circonstances qui aujourd'hui encore ne sont pas oubliées.

On l'avait tout d'abord dit mort ; ceux qui avaient vu son cadavre à Satory, avaient été trompés ou voulaient dépister la vigilance de la police. C'est dans son ancien domicile, rue Haute-feuille, qu'il fut découvert. Depuis plusieurs jours il vivait dans une cachette pratiquée derrière son lit, dans une espèce d'armoire qu'il avait fait construire. Ce n'est qu'après les perquisitions les plus minutieuses que le commissaire de police put le trouver, grâce à un accès de toux que les parois capitonnées ne purent étouffer. L'armoire fut aussitôt enfoncée.

On trouva Courbet en manches de chemise, les yeux injectés de sang. Se sentant pris il ne dit que ces paroles : « Vous êtes arrivés à temps. Je me faisais vieux là-dedans, inutile de me mettre les menottes ; je vous suis sans résistance. »

On le conduisit à Versailles au milieu des voci-
férations de la foule qui le couvrait d'insultes, le
menaçait : il reçut même des coups. Craignant
pour sa vie, il s'écria : « J'ai démoli votre colonne,
eh bien ! je la paierai. »

Il paraît que ces mots « je paierai » répétés
par lui souvent en diverses circonstances, donnè-
rent l'idée à ses adversaires politiques de le faire
condamner à une réparation pécuniaire.

Durant sa détention il était fort inquiet, et
disait : « A cause de ma célébrité ils ne me fusil-
leront pas. » Personne n'y pensait.

Le 7 août, le malheureux réaliste comparut
devant le troisième Conseil de guerre de Versailles, en compagnie de Billioray, Lullier, Jourde,
Lisbonne, etc., de tout l'état-major de la Commune. Il y fut misérable.

Ce n'est plus le franc-comtois joyeux de la vie,
fier de son œuvre, au regard caressant et décidé,
où se lisait la grosse joie du paysan et l'infatuation
de l'artiste, nature pleine de sève, de force, d'audace et de patience. Le maître puissant auquel la
peinture moderne doit l'*Enterrement à Ornans*, les
*Casseurs de pierres*, la *Curée* et la *Remise des Chevreuils*, n'était plus qu'un vieillard morne et
accablé ; vingt ans avaient passé en quelques

semaines sur ce visage si vivant, mais vingt ans de douleur, d'angoisses, de désolation.

Son attitude pendant tout le cours des débats fut lourde, embarrassée, modeste et triste.

L'accusation lui reprochait d'être entré à la Commune, le 26 avril, au moment où les décrets les plus odieux, le décret sur les otages, la destruction de la maison de M. Thiers et celle de la colonne Vendôme, avaient été rendus ; on lui imputait en outre d'avoir, le 14 septembre 1870, demandé la démolition de la colonne, et plus tard, réclamé en séance de la Commune l'exécution du décret du 12 avril 1871, ordonnant la destruction de ce monument.

La plupart des témoins lui furent favorables. L'un d'eux, M. Dorian, alors député, vanta sa grande sensibilité de cœur. Il ajouta que le peintre était dans le domaine de l'art un homme d'une haute intelligence, mais qu'il était bien difficile de définir ses opinions politiques, attendu que par tempérament, Courbet inclinait vers le paradoxe. Un avocat à la Cour de cassation, M⁰ Baillot, déclara que l'artiste lui paraissait un grand enfant, qu'il avait une naïveté enfantine, sans idées arrêtées. De nombreux témoins, MM. Jules Simon, Étienne Arago, Barbet de Jouy, vinrent affirmer

qu'il était simple d'esprit, vacillant de caractère :
il ne les démentit point : il plaida la bêtise ou la
laissa plaider par son avocat, M⁰ Lachaud, qu'il
avait choisi à cause de sa couleur bonapartiste, et
parce qu'il avait l'oreille de tous les partis, selon
l'expression de Courbet lui-même ; cette bêtise,
toutes ses réponses la proclamaient : il soutint
qu'il était pour l'ordre, pour la pacification des
esprits, pour l'extinction de toutes les haines et de
toutes les passions qui divisent ; s'il n'aimait pas la
colonne Vendôme, c'est qu'elle prenait trop de
place, obstruait la voie, gênait la circulation. Elle
était encombrante ; il eut voulu la voir ailleurs,
par exemple aux Invalides ou à l'Ecole militaire.
Puis, c'était un morceau manqué, une horrible
imitation de la colonne Trajane, indigne de l'art ;
elle faisait de nous la risée de l'étranger, — des
Prussiens, sans doute.

Malheureusement le *Journal Officiel* de la Commune du 13 avril, avait publié ce décret :

« LA COMMUNE DE PARIS,

« Considérant que la colonne impériale de la
place Vendôme est un monument de barbarie, un
symbole de force brute et de fausse gloire, une
affirmation du militarisme, une négation du droit

international, une insulte permanente des vainqueurs aux vaincus, un attentat perpétuel à l'un des trois grands principes de la République Française, la Fraternité ;

Décrète :

Article unique : « La colonne de la place Vendôme sera démolie. »

Cette décision sauvage, qui allait faire abattre sous l'œil de l'ennemi et pour ainsi dire sous sa surveillance l'un des trophées survivants de notre gloire, était due à l'initiative de Courbet. Le décret semble avoir été libellé par lui à en juger par l'emploi de certaines expressions, la qualification de « brute » devant lui appartenir.

Le maître peintre d'Ornans était en outre forcé de reconnaître que, comme président de la société des artistes chargés pendant le siège de veiller à la présentation des collections nationales, il avait rédigé et signé le vœu suivant :

« Attendu que la colonne Vendôme est un monument dénué de toute valeur artistique, tendant à perpétuer les idées de guerre et de conquête ;

« Attendu qu'elle est pour cela même antipathique au génie de la civilisation moderne et à l'idée de fraternité universelle qui désormais doit prévaloir parmi les peuples ;

« Attendu aussi qu'elle blesse leurs susceptibilités légitimes et rend la France ridicule et odieuse aux yeux de la démocratie européenne ;

« Emet le vœu que le Gouvernement de la Défense nationale veuille bien l'autoriser à déboulonner cette colonne, ou qu'il veuille bien lui-même en prendre l'initiative en chargeant de ce soin l'administration du musée d'artillerie et en faisant transporter les matériaux à l'hôtel de la Monnaie. »

La tâche de Mr Lachaud n'était point facile. L'éminent avocat commença par exprimer son sentiment sur les hommes du 4 Septembre ; il les traita d'incapables, d'impuissants et déclara nettement qu'ils n'avaient fait que du mal au pays ; il soutint que, sans la présence de son client au sein de la Commune, des richesses artistiques sans rivales au monde étaient à jamais perdues. L'assertion était exagérée, quand on se souvient que, sans l'intrépide bravoure du commandant de Sigoyer et de son bataillon le 26e chasseurs, l'incendie dévorait le Louvre comme il dévorait les Tuileries. Le défenseur prouva ensuite que la démolition de la colonne avait été décidée en

principe par le gouvernement du 4 Septembre et
donna lecture d'un article de l'*Electeur libre*, récla-
mant avec M. Ferry et les maires de Paris la
démolition du monument pour en faire des canons.
« Ah ! dit en terminant le célèbre avocat, si
Courbet avait conçu un tel projet, il serait un misérable, et je ne serais pas là pour le défendre. Les
coupables, je viens de vous les désigner. Courbet
n'a voulu que déboulonner la colonne, et l'airain
devait être confié au musée d'artillerie comme
souvenir. »

Les dépositions de MM Jules Simon et Dorian
furent aussi fort utiles au malheureux peintre.

Le jury n'admit point que Courbet fut monté
lui-même à l'échelle, comme un témoin l'assurait,
pour porter les premiers coups à la colonne de
bronze, mais il estima qu'il avait été l'un des principaux instruments de cette dégradation, de cette
honte patriotique.

Courbet fut déclaré coupable d'usurpation de
fonctions et de destruction de monument public.
La condamnation, prononcée le 3 septembre, fut
de six mois de prison et de 500 francs d'amende.

Elle parut excessive aux amis politiques du
peintre, trop douce à ses adversaires. Il était équi-
table de tenir compte à Courbet de ses efforts

*La Sieste*, page 166

pour sauver le musée du Luxembourg, le jour de
l'entrée des Versaillais, des ordres qu'il avait
donnés le même jour pour enlever les bijoux de
la galerie d'Apollon et les soustraire au pillage ou
à l'incendie.

Courbet ne devait pas d'ailleurs s'en tirer à si
bon compte. Peu après l'arrêt du Conseil de
guerre, le séquestre était mis sur ses biens con-
sistant en tableaux que l'on saisissait à son domicile ou chez les marchands où ils avaient été
déposés ; le peintre essayait vainement d'obtenir
main-levée des oppositions et séquestres, il était
condamné à rembourser à l'Etat une somme de
323.000 francs, prix des travaux exécutés pour
la réédification de la colonne Vendôme.

En voilà assez sur cette lamentable histoire que
nous devions retracer dans une biographie complète. et que nous ne racontons qu'à regret. Mieux
vaut ne voir de l'artiste que son œuvre. Cette histoire. Courbet en parlait le moins possible, comme
s'il eut été honteux de son rôle politique, de son
attitude sous la Commune et lors de son procès.
Il était torturé par une pensée, c'est qu'on put
l'appeler communard. La qualification de déboulonneur l'exaspérait ; il se prétendait calomnié par
les journaux. se plaignait de l'injustice des hommes,

affirmait s'être dévoué et sacrifié pour son pays. Quelques jours avant son décès, il disait à un de ses compatriotes, M. Jules Dufay : « Comprend-on qu'on soit allé jusqu'à m'accuser de vol, quand c'est moi qui ai sauvé la collection du père Thiers, qui ai défendu de toucher au Louvre, qui ai fait tomber la colonne de manière à ne pas détruire les parties artistiques de ce monument, etc. Tenez, voilà un énorme dossier de pièces que je vais envoyer à mon avoué pour démontrer que, si j'ai été mêlé à cette guerre civile, c'est comme artiste voulant sauver les œuvres d'art. On veut m'acca-bler........ Dites bien à nos amis de Franche-Comté que je suis innocent des fautes stupides dont on m'accuse. »

L'opinion publique s'était vivement émue de l'acte de vandalisme absurde et odieux attribué à Courbet ; elle croyait voir tomber avec la colonne notre gloire militaire, la première gloire d'une nation ; elle s'éleva contre le peintre d'Ornans : il avait à Versailles subi de rudes humiliations ; dans l'avenue des Réservoirs, un jeune homme avait craché sur la barbe grise du peintre ; une femme avait de son ombrelle frappé le vieux réaliste à la face ; des enfants l'avaient couvert de boue. Il voulut revoir *le pays,* mais là encore il

devait subir de pénibles épreuves. Beaucoup de
ses amis le fuyaient, le reniaient; à Besançon, le
*Cercle des Canotiers* eut l'idée de fêter son retour,
mais à peine Courbet était-il assis qu'un membre
du cercle, s'approcha de l'ancien membre de
la Commune, prit le verre du peintre, le brisa
en disant à Courbet ébahi : « Vous êtes indigne
de boire parmi nous. » A Ornans, la colère
n'était pas moins vive. Les compatriotes du peintre
avaient fait disparaître la statue du *Jeune pêcheur*
placée sur une des fontaines de la ville. C'est vainement, comme nous l'avons indiqué déjà, que
M. Castagnary essaya de défendre l'artiste et de
prouver qu'il n'était point responsable de la destruction de la colonne, qu'il ne faisait point
partie de la Commune, et que c'était la Commune
seule qui était coupable. Attaqué de toutes parts,
Courbet n'avait pas assez d'énergie pour résister
bravement à l'orage. Il avait vieilli. les douleurs,
les inquiétudes du siège, les ennuis de la captivité
avaient blanchi ses cheveux, ce n'était plus le
compagnon jovial, l'heureux artiste d'autrefois : il
se résigna à prendre le chemin de l'exil et à se
retirer en Suisse, à la Tour de Peilz, faubourg de
Vevey, dans une vaste maison appelée *Bon Port*.
Là, une tentation bien grande allait l'assaillir, un

danger le menaçait. Le pays où il s'était réfugié est terrible pour un buveur, le petit vin blanc décime la population. Comme tout le monde il lui fallut prendre sa part du vin du crû, il n'était pas homme à résister, il but par habitude, peut être aussi pour oublier son exil et son chagrin. Au vin il ajouta l'absinthe; c'était trop, même pour le tempérament robuste et solide du peintre. De temps à autre il essaya de reprendre ses pinceaux, réussit à faire quelques œuvres remarquables, comme le portrait de son père, la *Truite*, divers paysages, la Tour du Peilz, le château de Chillon, ce dernier vestige des ducs de Savoie, que lui demandaient des Anglais désireux d'emporter une œuvre du déboulonneur, mais l'ardeur au travail, l'enthousiasme des premières années avaient disparu. Ses peintures sont d'une exécution lâchée et qui laisse deviner une main bien amollie. « Il manquait à Courbet, dit M. Castagnary, deux choses, sans lesquelles un artiste ne se conserve pas longtemps. des modèles et des appréciateurs. »

Il essaya de ne pas se laisser trop oublier et envoya quelques toiles au Salon de 1872 : mais Meissonnier qui faisait partie du jury, protesta. et il fut décidé sur sa proposition que les toiles seraient refusées sans examen. Le peintre exilé ne renouvela point sa tentative ; il renonça d'autant plus volontiers à rien envoyer en France, que l'Etat son créancier faisait saisir avec empressement tous ses tableaux à la frontière.

Au bout de quelque temps d'exil, la nostalgie le prit : il voulut respirer l'air natal, revoir ses montagnes, cette Franche-Comté qu'il aimait ; il négocia son retour avec le Trésor. Un accord se fit : il fut convenu qu'il se libérerait de sa dette par annuités, qu'il paierait 30,000 francs annuellement pendant dix ans ; c'était une rude besogne pour ce fils de campagnard qui connaissait la valeur du plus maigre décime : il se mit à l'œuvre, et son pinceau multiplia les petits tableaux, les tableaux de chevalet : mais les prix déclinaient : le public se souciait moins des peintures du maître : il n'en continua pas moins à travailler avec l'espoir de se libérer.

La pensée de revenir en France le soutenait. Un homme de talent et de cœur lui prodigua les preuves de dévouement, et l'aida à supporter les douleurs de l'exil. Le paysagiste Pata, l'un des plus fidèles amis du maître, ne le quitta guère sur le sol étranger, contribua à entretenir chez le peintre des habitudes laborieuses, l'entraîna loin du logis sur les bords du lac ou dans la montagne, afin qu'il put exécuter les commandes dont on l'accablait. Il prit soin de ses intérêts pécuniaires, se préoccupa de faire face aux engagements contractés par son maître vis-à-vis du fisc. Pata était non-seulement l'ami, mais l'admirateur de Courbet ; il est son meilleur disciple, celui qui rappelle le mieux les touches larges, solides, douces et vigoureuses en même temps du peintre réaliste.

Les dernières années de Courbet furent attristées non seulement par la maladie, mais par de longs procès qui aboutirent à une vente judiciaire des tableaux et des meubles restés dans son atelier. Cette vente eut lieu à la fin de novembre 1877 ; elle ne comprenait d'ailleurs que des œuvres secondaires, et présenta le caractère d'un désastre : elle produisit la somme minime de 12,118 francs.

Courbet était alors fort malade, ses amis le considéraient comme perdu. Il mourut quelques semaines plus tard, le 31 décembre 1877, dans ce village de la Tour-du-Peilz, où il s'était retiré après la Commune. Il reste des derniers jours de sa vie un récit plein de science et d'émotion, écrit par le médecin qui lui donna des soins : Courbet, qui paraissait taillé pour des luttes sans fin, succombait à une affection du foie, à l'âge de cin-

quante-sept ans. L'hydropisie avait envahi les
jambes et le ventre : il avait aidé à son mal par des
absorptions effrénées de boisson : sur la fin, il
buvait encore à peu près deux litres et demi de
liquide chaque jour, et un peu avant il lui arrivait
de boire jusqu'à douze litres. C'était de ce vin
agréable au goût qui fait tant de victimes dans le
pays et auquel le peintre ajoutait du lait. Trop de
bière, trop de vin, de vives préoccupations, de
véritables chagrins, avaient brisé peu à peu cette
rude nature, cette puissante organisation.

Le père du peintre était arrivé la veille, appor-
tant à son fils une lanterne sourde et une livre de
tabac français. On trouva dans l'appartement une
sacoche pleine d'or ; il s'en empara, et de peur des
voleurs, passa la nuit couché sur son trésor.
Quand on voulut commander un cercueil de
plomb, le vieillard économe demanda si on ne
pourrait pas se contenter d'un cercueil de zinc.

Les médecins exprimaient le désir de faire mou-
ler le visage du peintre. « Ce n'est pas la peine,
répondit le vieux père ; il y a assez de portraits à
la maison ; » mais dans sa douleur il manifestait
sa ferme volonté d'avoir son fils près de lui sur la
terre de France. « J'ai, disait-il, un moulin près
d'Ornans, c'est là que Gustave doit être enterré,

nous reposerons ensemble. » Ce vœu touchant
n'a pu se réaliser. Courbet a été inhumé à la Tour
du Peilz, sur la terre d'exil.

On trouva dans son domicile de nombreuses
peintures. quelques-unes d'une haute valeur,
des portraits d'hommes, l'esquisse de son buste
de Berlioz, le portrait de M. Marlet, celui de
M. Urbain Cuënot, le portrait de son père,
celui de Rochefort. Il avait gardé aussi quelques études d'après le modèle nu ; une blonde
endormie qui a pris soin de ramener d'un geste
vague un voile sur sa poitrine ; une brune dont la
lumière caresse les hanches d'un vigoureux éclat.
plusieurs baigneuses, un assez grand nombre de
paysages des environs d'Ornans. du Doubs. et
du lac de Genève, le *Curé et le Moribond*. les
*Demoiselles de la Seine à Bougival*. une anglaise
aux cheveux d'or se mirant dans un miroir, que
Rochefort avait demandé à acheter au prix de
6.000 francs, des paysages. des études de sous
bois et un *Château de Chillon*. Grand amateur de
toiles anciennes, il avait une véritable galerie de
tableaux, galerie dont il s'exagérait la valeur. ses
connaissances en peinture n'étant pas à la hauteur
de sa passion pour l'art et de son talent. Le relevé
exact de cette galerie avait été dressé deux mois

Combat de Cerfs, pages 49 et 61.

avant son décès par un notaire de la Tour du
Peilz.

La mort de Courbet eut pour effet de lui ramener l'opinion publique : un courant d'admiration
s'établit ; on ne se souvint ni de sa conduite pendant la Commune, ni de son attitude devant le
Conseil de guerre, ni de ses vulgarités, de ses
vanités burlesques. Sa sortie de prison avait été
le signal d'un nouvel engouement dans le public,
ses peintures avaient doublé, triplé de valeur, puis
les prix avaient décliné ; il y eut une hausse lors
de son décès : devant la mort, les hostilités n'ont
plus les mêmes ardeurs ; les haines s'atténuent.
La mort désarme les passions irritées.

En 1882, la réaction en faveur de Courbet
s'accentua encore.

M<sup>lle</sup> Juliette Courbet avait fait don au musée
du Louvre de l'*Enterrement d'Ornans*. L'État avait
acheté le *Combat de Cerfs*, l'*Hallali*, l'*Homme
blessé*, le *Jeune homme à la ceinture de cuir* ; la ville
de Paris avait fait l'acquisition de la *Sieste*, un
comité se forma pour préparer une exposition
générale des œuvres du maître.

De généreux amateurs n'hésitèrent pas à
dépouiller leurs galeries ; la famille du peintre

envoya ce qui lui restait de ses tableaux, et on
finit par recueillir plus de cent toiles, faible partie
de ce que le robuste peintre avait produit.

Cette exposition qui se composait de tableaux
de toute nature et de toutes dimensions, paysages,
marines, neiges, animaux, fleurs, fruits, portraits,
scènes de la vie des villes, scènes de la vie des
champs, présentait l'aspect varié d'un musée et
résumait l'existence entière de l'artiste. Elle obtint
plein succès : on admira l'œuvre du maître ; on
reconnut ses éminentes qualités. La critique
demanda même l'admission au musée du Louvre
de ses tableaux. Plus tard, lorsque l'*Enterrement
d'Ornans* fut donné au même musée, lorsque
l'Etat eut acquis le *Combat de Cerfs*, l'*Hallali*,
l'*Homme blessé*, le *Jeune homme à la ceinture de
cuir*, on fut unanime dans le monde des arts à
applaudir à l'hommage rendu au talent du peintre.

Les habitants d'Ornans qui avaient renversé le
*Pêcheur de Chavots* replacèrent la statue sur son
piédestal.

Dans ce revirement il y a du vrai.

Laissons passer le temps, ce grand pacificateur
qui excelle à faire tomber les armures et les masques, à réconcilier les doctrines qui semblent

irréductibles. Peu à peu on oubliera l'homme
devant son œuvre, et la justice s'établira pour lui.

Courbet ne sera plus considéré comme un
artiste de génie, il n'aura plus ses admirateurs
fanatiques, mais il ne soulèvera plus les antipathies
acharnées qui ont accueilli de son vivant quelques-
unes de ses créations. Il restera de son talent des
témoins d'une valeur, d'une éloquence bien iné-
gales, respectables souvent, intéressants toujours.
Il est un des maîtres peintres, non seulement de
notre époque, mais de tous les temps ; de tous les
paysagistes qui ont manié un pinceau, c'est lui qui
a cotoyé le plus près la vérité vraie, la ressemblance physique des caractères objectifs de la
nature. Il avait la palette opulente, la touche
franche et loyale, il faisait sincèrement, adroite-
ment ce qu'il voyait, il savait interpréter la nature
humaine avec un rare esprit d'observation et une
incroyable exactitude de main. N'est-ce pas le
génie de l'artiste ?

# CATALOGUE

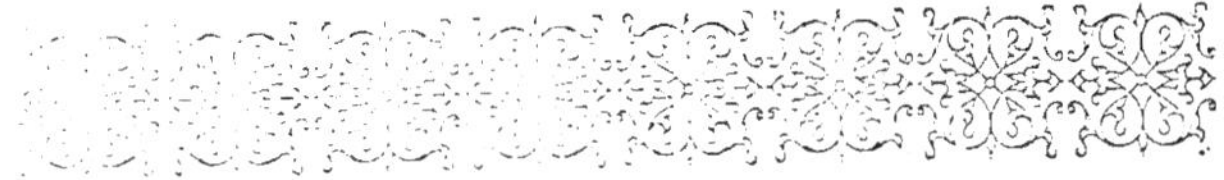

# GUSTAVE COURBET

## LE CATALOGUE DE SES ŒUVRES

A cette étude détaillée sur Courbet, nous devons pour le mieux faire connaître, donner le catalogue de ses œuvres.

Mais ce catalogue, comment le constituer complet ?

Si l'on compte ses esquisses, ses études rapides peintes sur nature, Courbet a produit près de neuf cents tableaux.

Les peintures exposées aux salons, celles qui eurent une notoriété, sont faciles à retrouver, mais beaucoup de toiles ignorées du public font partie de collections privées ; il en est qui ont été dispersées à tous les vents, en Angleterre, en

Autriche, en Russie, dans toute l'Europe et surtout en Amérique.

La plupart des premiers essais du peintre ont
passés dans des mains inconnues.

Le catalogue que nous publions ici contient les
œuvres principales du maître.

Nous avons cru utile de donner autant que
possible les noms de leurs heureux possesseurs.

Nous divisons ce travail en deux parties principales. Tout d'abord les œuvres ayant une date
certaine, puis les tableaux non datés.

Tel que nous le publions aujourd'hui, ce catalogue suffit pour montrer que l'œuvre du peintre
d'Ornans est aussi variée qu'importante et que le
robuste maître peut être classé parmi les plus
féconds.

1839. *Ruines le long d'un lac*, à Mademoiselle
Juliette Courbet.

1840. *Moine dans un cloître*. A Mademoiselle
Courbet.

1841. *Paysage de la Roche-Founèche*, vallée d'Ornans, à Mademoiselle Courbet.

1841. Une copie de Géricault, tête de cheval, à
Mademoiselle Courbet.

Vue de la forêt de Fontainebleau.

*Le désespoir*. Un homme vu de face porte ses mains tremblantes à sa tête. Ses traits convulsés, ses vêtements en désordre expriment une profonde douleur. Exposé à Genève en 1877. Vendu à l'hôtel Drouot en 1881. Appartient à M. Eugène Cusenier.

*La nuit de Walpurgis*.

*Loth et ses filles*.

*L'homme délivré de l'amour par la mort*.

*Odalisque*.

*Lélia*.

1842. Tête de jeune fille. Pastiche florentin, à Mademoiselle Courbet.

Portrait de Mademoiselle Juliette Courbet, à Mademoiselle Courbet.

Portrait de Mademoiselle Zoé Courbet, à Mademoiselle Juliette Courbet.

Paysage de bois d'hiver, à Mademoiselle Courbet.

*La Sorcière*, copie par Courbet du tableau de Frank Hals.

Portrait de Rembrandt, copie par Courbet.

1843. Paysage. Moulin sur la Loue, peinture à

fresque, 2 mètres de long, 1<sup>m</sup>80 de hauteur. Au prince de Scey.

Chasse (fresque). 2<sup>m</sup>50 de long., 1<sup>m</sup>50 de hauteur. Au prince de Scey.

Marine (fresque). Au prince de Scey.

Portrait de l'auteur. Courbet est assis sous la grotte de Plaisir-Fontaine ; à côté de lui un album, un bâton et son chien. A Mademoiselle Courbet.

Paysage. A Mademoiselle Courbet.

Portrait du peintre (Essai). A Mademoiselle Courbet.

Tête de jeune fille (Pastiche florentin).

Paysage imaginaire (Pastiche des flamands. A appartenu à M. Quantinet.

*La Dormeuse*.

1844. Portrait de Mademoiselle Juliette Courbet A Mademoiselle Courbet.

*Pirate, prisonnier du dey d'Alger.*

*Guitarrero*. Appartient à M. Faure.

*Le hamac.*

*L'homme à la ceinture de cuir.* Au musée du Louvre.

*Job.*

*L'homme blessé.* Acheté par l'État en décembre 1881.

• Portrait de femme (médaillon, bas-relief).

*Saint Nicolas*, tableau pour l'église du village de Saûle (Doubs).

Portrait du grand-père de l'artiste. A Mademoiselle Courbet.

1845. Copie du prisonnier de M. Schnetz.

Copie de la Saint-Barthélemy de M. Robert Fleury.

*Vallée de Bonnevaux*, appartient à Mademoiselle Courbet.

*Les Amants heureux, sentiments du jeune âge.*

Portrait du peintre et de sa maîtresse. Le peintre regarde sa bien-aimée et lui serre la main. Ce tableau était au domicile de Courbet, lors du décès du peintre à la Tour de Peilz. Au musée de Lyon.

*L'affût*, paysage (d'atelier). A appartenu à M. Quantinet.

Copie de Dante et Virgile de Delacroix.

*Chiens.* A Mademoiselle Courbet.

*Femme nue dormant près d'un ruisseau,* appartient à M. Lauwich.

Copie de Van Dyck, copie ayant appartenu au sculpteur Preault.

1846. *Baigneuse endormie.* Vendu en 1882.

Portrait de Courbet (dessin). Le peintre

en robe de chambre et en bonnet de
coton, est assis et dessine. Appartient
à Mademoiselle Courbet.

*L'homme blessé.* Refusé aux Salons de
1841 à 1847. Acheté 11,000 francs à la
vente du peintre.

1846. Portrait de M.***. A Mademoiselle Courbet.

Paysage (soleil couchant). A appartenu à
M. Courpon, agent de change.

*Une Guitariste* (Fusain). Au musée de
Besançon.

1847. Paysage (Les ombres du soir).

*Les Rochers d'Ornans* (Le matin).

Paysage de la vallée de Scey (Soleil couché).

*Jeune fille à la guitare.* Rêverie. Portrait
de Mademoiselle Zélie Courbet (crayon
noir). A Mademoiselle Juliette Courbet.

Portrait de *Mon ami Promayet*, artiste
musicien (crayon noir). A M. Antonin
Proust.

*Le Fumeur*, profil (crayon noir).

Portrait de femme (dessin). A appartenu à
M. Quantinet.

*Intérieur de forêt* (crayon noir).

*La Dormeuse* (étude de femme nue).

Portrait du philosophe Trapadoux, feuille-

tant un album dans l'atelier de Courbet.
A appartenu à M. H. d'Ideville, puis à
M. Antonin Proust.

*Un jeune homme* (dessin).

Portrait de Courbet jouant du violoncelle,
exposé en 1877 au cercle artistique de
Bruxelles.

Tête de femme (Rêverie).

1848.  Portrait de M. H. B.

 †  Le peintre à son chevalet (crayon noir).

*Jeune homme assis* (étude, crayon noir).

Portrait de l'auteur (crayon noir). A
M. D. M.

*Au cabaret* (crayon noir). A M. Théodore
Ducret.

Tête d'homme (crayon noir).

*Peintre avec sa palette* (crayon noir).

*Nuit de Walpurgis* (dessin).

*Jeune fille dormant.*

*Jeune fille rêvant* (dessin).

Paysage de l'ile de Bougival.

*Le Suicidé* (paysage). A M. de Lancy.

1849.  *Vallée de la Loue*, prise de la roche du
Mont. (Le village que l'on aperçoit sur
les bords de la Loue est Montgesoye.)

*Vue du château de Saint-Denis* (prise du village de Scey-en-Varais).

*Tête d'étude* (crayon noir). A M. Beillet.

*Jeune femme lisant* (crayon noir).

*L'après-dînée à Ornans.* Au musée de Lille.

*Les communaux de Chassagne,* soleil couchant.

*La vendange à Ornans sous la roche du Mont.*

Portrait de l'auteur. (Etude des Vénitiens.)

1850. *L'apôtre Jean Journet partant pour la conquête de l'harmonie universelle.* Appartient à M. D. M.

*Les bords de la Loue sur le chemin de Maizières.*

*Vue et ruines du château de Scey.*

Portrait de l'auteur, exposé au Salon de 1851.

*Génisse et taureau au pâturage.*

*L'enterrement à Ornans* (fusain sur papier bleuâtre), première pensée du tableau qui est au Louvre. Appartient au musée de Besançon.

*L'enterrement à Ornans* (Musée du Louvre) donné à l'Etat par Mademoiselle Courbet, en 1881.

1850. Portrait de M. Urbain Cuënot (crayon noir).

Les Casseurs de pierres. Appartient à M. G. Petit.

Les paysans de Flagey revenant de la foire. Appartient à M. Dreyfus, vendu en juin 1896, 16,600 francs.

Portrait de M. Hector Berlioz. Appartient à M. Henri Hecht.

Esquisse des Demoiselles de village. A M. Lauwick.

1851. Paysage de Bougival (Saulée).

Portrait de M. A. Marlet. Vendu en 1882.

Paysage. Au musée de Lille.

Vue et ruines du Château de Scey-en-Varais.

Portrait de Francis Wey. A M. T.

Une après-dinée à Ornans. Au musée de Lille.

Paysage des bords de la Loue. A M. d'Ideville.

Les Demoiselles de village faisant l'aumône à une gardienne de vaches. Appartient au duc de Morny.

Portrait de M. Urbain Cuënot.

Vallon d'Ornans (esquisse). A Mademoiselle Juliette Courbet.

1853. *Les Baigneuses.* A l'ombre de grands arbres.
une femme nue au sortir de l'eau, tournant le dos au spectateur, à sa droite
une autre femme à demi-vêtue. assise
de face regarde sa compagne. Appartient au musée de Montpellier, hauteur
$2^m57$, longueur $1^m19$.

*La Fileuse endormie.* Campagnarde au
solide embonpoint assise devant son
rouet. ayant sur ses genoux la quenouille
que le sommeil a fait échapper de sa
main. La tête de profil inclinée sur
l'épaule droite laisse apercevoir le cou
d'un modèle large et puissant. (Litho-
graphié par J. Laurens.) Au musée de
Montpellier.

*Les Lutteurs.* A M. Léon Hirch. à Che-
nonceaux.

*Le Courbet au collet quadrillé.*

Portrait de M.] Bruyas. Debout le pouce
droit dans l'emmanchure du gilet. Au
musée de Montpellier.

*Vallon du Puits noir.* Rocher et ruisseau.
(Etude). Appartient à Mademoiselle
Courbet.

*Le Cerf.* Musée de Marseille.

1854. *La Rencontre*. M Bruyas, revenant de la villa Mey, et Courbet se rencontrent. Hauteur 1ᵐ25, longueur 1ᵐ49. Au musée de Montpellier.

*Les Cribleuses de blé*. Au musée de Nantes.

Portrait de l'auteur. Il est de profil, les cheveux courts, barbe noire en éventail, veste noire. Appartient au musée de Montpellier.

*Les bords de la mer à Palavas*. Sur le premier plan un peu à gauche, debout sur un rocher, un homme vu de dos, levant son chapeau de la main gauche, salue l'immensité de la mer. Au musée de Montpellier.

Tête d'étude. C'est le portrait de M. Bruyas. La tête vue presque de profil est d'un aspect souffrant et triste. Au musée de Montpellier.

Tête d'étude. Autre portrait de M. Bruyas vu de profil. Au musée de Montpellier.

*Le Pont de Nahin à Ornans*. A M. Baudry.

1855. *Le Ruisseau du Puits noir*. A M. Haro.

*Le Château d'Ornans* (collection Laurent Richard). Appartient à M. Lutz.

*L'atelier du peintre, allégorie réelle.* Appartient à M. Haro.

Portrait de M. de Champfleury, figure réfléchie et méditative (Musée du Louvre) légué en 1889 à l'Etat par M. Jules Husson, dit Champfleury, conservateur du musée de Sèvres.

*La grotte de la Loue.* Appartient à M. A. N.

*Les femmes dans les blés* (crayon noir).

*Une dame espagnole.* Appartient à M. Paton.

*La Roche de dix heures.*

*Le ruisseau du Puits noir.*

*Les cribleuses de blé.* Au musée de Nantes.

*Marine.* Appartient à M. Estignard.

*Chevreuil sous bois.* (Au Luxembourg), donné à l'Etat par Madame Boucicaut.

1856. — *Le renard dans la neige* (soleil couchant). A M. Courpon, agent de change.

*Le cerf mourant.*

*Jeune fille cueillant des fleurs.* A M. Frédérich Ohears, en dépôt au *Museum of fine Arts,* à Boston.

*Paysage.* Au musée de Marseille.

*Forêt de Fontainebleau* (effet d'été). A M. Hecht.

*Forêt de Fontainebleau* (effet d'automne).
A M. Hecht.

*Un torrent.* A M. Hecht.

1857. *La curée.* Galerie de M. Jules Luquet

*Demoiselles des bords de la Seine.* (Etude
pour le tableau de ce nom). Appartient
à M. Gagnière.

*Demoiselles des bords de la Seine.* (Etude).
Appartient à M. Etienne Baudry.

Portrait de M. Gueymard, de l'Opéra,
dans le rôle de Robert-le-Diable « *Oui
l'or est une chimère.* » Appartient à
M. Adolphe Reignard.

*Les bords de la Loue.*

*Chasse au chevreuil dans la forêt du grand Jura.*

*Biche forcée à la neige.*

*L'homme à la pipe.* Musée de Montpellier.

*Les Demoiselles des bords de la Seine.*
(Esquisse).
Appartient à Mademoiselle Courbet.

*Les Demoiselles des bords de la Seine* (Première esquisse). Appartient à Mademoiselle Courbet.

1858. Etude de femme (pastel). A M. Foureaud

*Environs d'Ornans, rochers et cours d'eau.*
A Mademoiselle Courbet.

✝ *Vallon d'Ornans* (paysage d'hiver). A Mademoiselle Courbet.
*Moulin aux environs d'Ornans.* A M.Blanc.

1859. *Le chasseur badois.* Appartient à M. D. M.
Portrait de femme. Vendu à la salle Drouot
en 1882.
*La femme au miroir.* Exposée à Bruxelles
en 1860.

1860. *Le Naufrage dans la neige* (Montagnes du
Jura). Vendu à la salle Drouot en 1882.
Portrait d'une jeune fille de Salins. Appar-
tient à M. D. M.
*Cerf aux écoutes.* Musée du Louvre.
*Cerf et biche sous bois.* A M. Walls.
*Baigneuse.* A M. Luquet.
*Rochers d'Ornans.* A M. Lafon.

1861. *Le cheval dérobé.* Exposé au salon de 1861
sous ce titre : *Le Piqueur.* vendu à l'hôtel
Drouot le 28 juin 1882.
*Cheval.* Appartient à Madame Gaudy.
*Le cerf à l'eau.* Palais de Longchamp.
Musée de Marseille, vendu 12.000 francs
en 1861.
*La Roche Oragnon.*
*Le Rut.* A M. Fourquet.

*Portrait de Proudhon*, pages 55 et 163.

*Demoiselles des bords de la Seine*, pages 48 et 159.

Le combat de cerfs. Musée du Louvre,
  acheté pour l'Etat à la vente du 9 décembre
  1881, au prix de 41.900 francs.
Portrait de Madame M. O. (Esquisse). A
  M. Castagnary.
Le piqueur.
Le renard dans la neige.
Vallon de Maizières.

1862.  Le Baigneur. Appartient à M. Brame.
Remise de cerfs (effet de neige). Appartient
  à M. A. N.
Paysage de Saintonge, à M. D.
Le parc de Rochemont. Appartient à
  M. Etienne Baudry.
Fleurs sur un banc. A M. Faure de l'Opéra.
La grand'mère. Appartient à M. Robin.
Portrait d'homme (Tête vue de trois quarts
  avec ces mots: A mon ami Fajon).
  Appartient au musée de Montpellier.
Le retour de la Conférence. En dépôt au
  Crédit industriel, rue de la Victoire.
La femme à la source. Femme assise vue
  de dos, à côté d'une fontaine. (Modelé
  et coloris superbe, un des plus beaux
  tableaux du maître. Appartient à Made-
  moiselle Juliette Courbet.

Portrait de M. Gaudy. Appartient à Madame Gaudy.

1863. *La dame au chapeau noir* (Debout dans la campagne elle tient dans sa main gantée de clair un bouquet). Vendue en 1881.

*Branche de Cerisier anglais.* (Cette brillante étude fut exécutée à Saintes. Remarquable comme délicatesse de palette et de touche). Vendue en 1881.

Portrait de Madame L. (Exposé au Salon de 1863.)

*La Source de la Loue.* Appartient à Madame Gaudy.

*Le Halage* (Bords de la Loue). A M. Lutz.

*Vénus poursuivant Psyché de sa jalousie.* (Exposé à Bruxelles en 1864.)

*Fleurs.* A M. Paton.

*Jeune fille arrangeant des fleurs.* A M. Paton.

*Cheval de chasse sellé et bouledogue en forêt.* Appartient à M. Recipon, ancien député.

*Emilius, cheval de course du haras de Saintes.* Vendu à la salle Drouot en 1882.

Portrait de M. Corbinaud. Appartient à M. Théodore Duret.

*Chasse au renard.*

1864.  Paysage (Bords de la Loue). Appartient à
       M. Lutz.

       Paysage (Bords de la Loue). Appartient à
       M. Barbedienne.

       *La Source du Lizon*, près Nans-sous-Sainte-
       Anne.

       *La Grotte de la Loue, avec rochers.* A
       M. Hecht.

       *Les bords de la Loue, rochers à gauche.*
       A M. Hecht

       *Les bords de la Loue, rochers à droite.*
       A M. Hecht.

       *Le Réveil.* Appartient à M. Detrimont.

       Etude de femme pour le tableau du *Réveil*.
       Appartient à M. Reitlinger.

       Portrait de la Comtesse Karoly.

       Portrait de Mademoiselle Aubé.

       *Une plage en Provence.*

       *Puits noir.* A M. Teste de Sagey.

       *Le val de Chauveroche, près d'Ornans.*
       A M. de Sagey.

1865.  *Le Ruisseau couvert.* Appartient au musée
       du Luxembourg, est catalogué sous le
       titre de *Ruisseau du Puits noir*.

       Portrait de Pierre-Joseph Proudhon. (Le
       tableau porte la date de 1853 ; mais il a

été fait de souvenir à Ornans, après la mort de Proudhon en 1865.) Appartient à M. Debrousse

Portrait de Madame Max Buchon. A M. Dufay.

Tableau de fleurs.

Tableau de nature morte.

*Le départ du conscrit.*

*Les Saules.* Appartient à M. Bensusan.

*Vache.* A Madame Gaudy.

1866. *Solitude* (Cours de la Loue). La rivière coule dans un encaissement de rochers couverts de mousse et de feuillage. Au fond touffes de feuillages d'un vert tendre éclairées par le soleil. Appartient au musée de Montpellier.

*Les Roches d'Ornans.* Appartient à M. Courtin.

*L'alerte.* A M. Paton.

*La Femme au perroquet.* Appartient à M. Jules Bordet.

*La Baigneuse.* Appartient à M. de Sainctelette. de Bruxelles, exposée en 1877 au Cercle artistique de Bruxelles.

*La belle Hollandaise.* Vendue en décembre 1881.

*Bords de mer, environs de Trouville.* A
M. Léon Gallet, de Chaux-de-Fonds.

*Jeune fille endormie.* Les jambes sont prises
dans un linge blanc, une tresse blonde
suit le mouvement du bras étendu. Vendue en décembre 1881.

*Remise des Chevreuils au ruisseau de Plai-
sirs-Fontaine (Doubs).* Hauteur 1$^m$70,
longueur 2$^m$05. A fait partie des collections Lepel Cointet et Laurent Richard,
acheté 76,000 francs à la vente Secretan
et offert à l'Etat par une société d'amateurs.

1867. *Vue d'Ornans.* A M. Haro.

*Vue d'Etretat.* A M. Haro.

*Femmes dans les blés* (Dessin).

Portrait de Madame.... . Vendu en 1882.

*Remise des Chevreuils.* Hauteur 0$^m$60, longueur 0$^m$71. Appartient à M. Monteaux.

*La Trombe.* A M. Georges Petit.

*La dame aux bijoux* (étude). A M. Castagnary.

*Le petit poney écossais* (étude).

Portrait de M. Suisse. Appartient à
M. Félix Courbet.

*Chasse au cerf par un temps de neige*. (Exposition particulière en 1867.)

1868. *La femme à la vague*. Appartient à M. Faure, de l'Opéra.

*Le lièvre forcé*.

*Le chevreuil chassé aux écoutes*. Musée de Lille.

*La sieste pendant la saison des foins* (Montagnes du Doubs). Appartient à la ville de Paris.

*Plage de Saint-Aubin*. A M. Fourquet.

*L'aumône d'un mendiant à Ornans*. A M. Chapas, à Béziers.

*Baigneuse* (vue de dos). Vendue à la salle Drouot en 1882.

Paysage près de Maizières. (Exposition internationale de Munich en 1869.)

Vue prise à Honfleur.

*Falaises d'Etretat*. A M. Collin.

Marine. A M. Blanc.

1869. *La Sorcière* (d'après Franz Hals)

Portrait de Rembrandt (copie). Musée de Munich.

Paysage d'Interlaken. Appartient à M. Lutz.

*Marée basse* (soleil couchant). A M. H. Hecht.

*L'hallali du cerf*, épisode de chasse à courre sur un terrain de neige. Acheté pour l'Etat à la vente du 9 décembre 1881. Musée de Besançon.

Marine (effet de matin). A M. Haro.

*La femme couchée* (peinte à Munich en 1862.

*Jeune femme cueillant des fleurs.*

1870. *La mer orageuse* (Au musée du Luxembourg, cataloguée sous le titre : *La Vague*, achetée 20.000 fr.) A M. Haro.

*Falaise d'Etretat après l'orage.* A M. de Candamo.

*La Vague.* A M. Henri Hecht.

Portrait de M. Castagnary. Appartient à M. Castagnary.

Portrait de Rochefort. (Etait à la Tour de Peilz lors du décès du peintre.)

*Montagnes du Doubs.*

*Le Fossoyeur.* Vendu à la salle Drouot en 1882.

Portrait de M. Jules Bordet (avec dédicace. Ebauche. A M. Jules Bordet.

1871. *Truite.* A M. Pasteur.

*Corbeille de fruits ou fruits d'hiver sur un fonds noir* (daté de Sainte-Pélagie). A appartenu à M. Henri Lambert de Bruxelles.

*Les fédérés à la Conciergerie* (reproduits par la lithographie, mal dessinés).

*Faisans et fruits* (peints en 1871 à Sainte-Pélagie). Appartient à Mademoiselle Zoé Courbet.

*Courbet à Sainte-Pélagie*. Appartient à la ville d'Ornans.

*Pommes rouges et blanches*. On lit à droite de la main du peintre : *Sainte-Pélagie*.

1872. *La Source bleue* (Lac de Saint-Point). Appartient à M. Durand-Ruel.

*Après l'orage* (Marine). A M. Castagnary.

*Champignons*, avec cette dédicace : A M. Ordinaire. A M. Ordinaire.

*Ruisseau sous bois*. A M. Estignard.

*Bords du Lac de Genève*. A M. Roblot.

*Le Château de Chillon*. Vendu en 1882.

1873. Marine. A M. Stumf.

Portrait de Mademoiselle Zoé Courbet. A Mademoiselle Courbet.

*Le veau*. Vendu à la salle Drouot en 1862.

*Tempête sur le lac*. Vendu en 1882

Marine. Vendu en 1882.

*Soleil couchant* (Marine). Vendu en 1882.

> *Tempête de neige sur le Lac de Genève.* Vendu en 1882.
>
> *Académie* (étude d'homme). Vendu en 1882.
>
> *Psyché.* Vendu en 1882.
>
> *Le retour au pays.* Vendu en 1882.

1874. Portrait de M. Courbet père (peint en quelques heures). Appartient à Mademoiselle Courbet.

> *La Mouette ou l'emblème du Lac de Genève.* (Femme coiffée d'une mouette aux ailes déployées.)

# PAYSAGES

(SANS DATE)

*Cascade sous bois.* Au musée de Grenoble, donné par le colonel de Beglié en 1896.

*Lac Léman* (Soleil couchant). A Mademoiselle Courbet.

*La Méditerranée* (Marine, étude) A Mademoiselle Courbet.

*Cascade à Flagey.* A M. Elysée Cusenier.

*Bords de la Loue.* A M. Baudry.

*Vue de Saintes.* A M. Blanc.

*La rivière de la Loue.* A M. Marlin, greffier à
  Moulins.

*Château de Scey.* A Mademoiselle J. Courbet

*Château de Chillon.* A la ville d'Ornans.

*Vallée de la Loue.* A Mademoiselle J. Courbet.

*Les chevreuils* (Effet de neige). Deux chevreuils
  couchés. Un autre debout. Forêt et arbres
  couverts de neige. Au musée de Lyon, donné
  par M. Joseph Gillet en 1883.

*Rochers de Mouthier.* A M. Eugène Cusenier.

Paysage (Maison couverte de neige). A Mademoiselle Courbet.

*Sous bois en automne.* (Exposition de Bruxelles en
  1867.

Deux paysages. A M. Bry, éditeur à Paris.

Paysage. Copie pour l'Association des artistes.

Paysage dans le Valais (Soleil couchant. A Mademoiselle J. Courbet.

*Une vague* (Effet du matin. A M. Haro.

Paysage en Franche-Comté (rochers et forêt). A
  M. Roy, de Lisle-sur-le-Doubs.

*L'affût, paysage* (d'atelier).

Paysage (Etude d'automne). A Mademoiselle
  J. Courbet.

*La vague* (Donné par la ville de Lyon au musée de Lyon). Répétition de la fameuse *Vague.*

*Marine.* A Mademoiselle Courbet.

*Bords du Lac.* Vendu à la salle Drouot en 1882.

*Château de Chillon.* A M. Eugène Cusenier.

*Chailly-sur-Clarence.* Vendu en 1882.

*Le cèdre d'Hauteville.* Vendu en 1882.

*La dent de Jaman.* Vendu en 1882.

*Châtaigniers en automne.* Vendu en 1882.

*Avant l'orage, sur le lac.* Vendu en 1882.

*Moulin. Bords de la Loue.* A M. Venger, marchand de tableaux place Saint-François, Lausanne.

*Cascade et rochers.* A M. Calame, antiquaire, rue du Grand-Chène, Lausanne.

*Vue des Sources du Doubs, rochers et arbres* (hauteur 0m50, largeur 0m62). A M. Friedel, rue de Châteaudun, 39, à Paris.

*La Tour du Peilz* (terrasse de la maison habitée par le peintre). A Mademoiselle Courbet.

*Château de Chillon.* A Madame Descombat.

*Château de Beaulieu,* près Lausanne.

*Le chêne de Flagey.* A Mademoiselle Courbet.

*Lac Léman* (Orage). A Mademoiselle Courbet.

*Vue d'Ornans.* A Mademoiselle Courbet.

*Remise de Chevreuils.* A M Detrimont.

*Le Puits noir.* A M. Bensusan.

Paysage des Alpes. A M. de Salverte.

Paysage avec cascade. A M. Henri Hecht.

*La dent de Jaman* (sous bois). A M. Luquet.

*L'affût.* A M. Faure, de l'Opéra.

*Décembre.* A M. Hecht.

*La ferme des Poucet.* A M. Félix Courbet.

*Ruines du Château de Scey, bords de la Loue.* A M. Ordinaire.

*Les bords de la Charente, au port Berlaud* (Saintes). A M. Félix Courbet.

Paysage. A M. Paton.

Paysage. A M. Paton.

*La Cascade.* A M. Paton.

*Le moulin.* A M. Paton.

Paysage (effet d'automne). A M. Paton.

*En forêt.* A M. Frédéric Reitlinger.

*Au bord du lac* (étude de chênes). A M. Paton.

*Le parc des Crêtes.* A Mademoiselle Courbet.

*Châtaigniers en Automne* (Parc des Crêtes).

*Les roches de Mouthier.*

Paysage. Au Docteur Goujon.

Paysage de Trouville (Bords de mer). Au Docteur Seymour.

*Remise de chevreuils en hiver.* A M. Henri Hecht.

*Temps d'orage.* A M. H. Hecht.

*La Vague.* A M. Lutz.

*La Vague.* À M. Monteaux.

*Marée basse.* À M. Lutz.

*La plage d'Étretat* (soleil couchant). À M. Haro.

Marine. À Mademoiselle Courbet.

*Caille suspendue par une patte.* À Mademoiselle
    Courbet.

*Soleil couchant* (Marine). À Mademoiselle Courbet.

Marine. À Mademoiselle Courbet.

*Le Lac.* À M. Barbedienne.

*Tempête de neige sur le lac de Genève.*

Un paysage (hauteur 0$^m$57. largeur 0$^m$86). Au
    musée de Bruxelles.

*Cascade d'Hauteville, près de Vevey.* À Mademoi-
    selle Courbet.

*Naufrage dans la neige.*

Paysage À M. Emile Huber, ingénieur à Sarre-
    guemine.

*Puits noir.* Au musée d'Avignon.

Paysage À M. Woïl, banquier à Nancy.

Paysage. À. M. Friant. peintre.

Paysage de Fontainebleau (Quartier Franchard)

*Un rocher.* À M. le Docteur Gracio, à Paris.

*Le lac Léman* (L'extrémité du lac). À Mademoi-
    selle Courbet.

Deux paysages à Amsterdam.

*Sources du Lizon.* À Mademoiselle Courbet.

*Ruines d'Abbaye*. A Mademoiselle Courbet.

*Le combat des cerfs* (Etude).

*Environs de Flagey*. A Mademoiselle Courbet.

*Pêcheur au bord d'une rivière*. A Mademoiselle Courbet.

*Pont de fer à Besançon*. A Mademoiselle Courbet.

*Intérieur de forêt*. A Mademoiselle Courbet.

Etude de chêne. *Les Vendanges*. Vendu en 1882.

*La Tour du Peilz à côté du vieux château*. A Mademoiselle Courbet.

Paysage. A M. Paul, notaire à Nancy.

*La Source bleue*, près de Pontarlier.

*Le cerf aux écoutes. Au Louvre*.

*Étretat*. A M. Haro.

*La villa Tamina* (Esquisse). A Mademoiselle Courbet.

*Le moulin d'Ornans* (ancien moulin Besson). A Mademoiselle Courbet.

Paysage (Cours d'eau, rocher au premier plan, biche et groupe d'arbres). A Madame Baud, à Lausanne.

*Château de Chillon*. Les murs à angles nets et les toits bruns s'étagent par dessus un bouquet de chênes roux. Sur le lac une barque. Sur un ciel que rosit le couchant s'enlèvent en blanc les glaciers de la Dent du Midi.

Paysage. A Mademoiselle Courbet.

*Ruisseau dans les vallons d'Ornans.* Au Cercle de
la Société Nautique, à Besançon, donné par
M. Weil-Picard.

Etude d'arbres. A Mademoiselle Courbet.

*Saules dans la vallée.* A M. O'Douar.

*Le naufrage dans la neige.* A la Tour de Peilz,
vendu en 1882.

*Le soir à Bougival.* Au premier plan, à gauche, le
long de la Seine, un chemin ombragé de
grands arbres ; sur la rive opposée des mari-
niers remorquent un bateau ; à droite, des
terrains boisés coupés par les murs blancs
d'un parc ; à l'horizon, les coteaux et l'aque-
duc de Marly. Ciel sombre et nuageux. Signé
*Gustave Courbet.* Provient de la vente faite à
Chamblanc (Côte-d'Or), le 24 mai 1870,
après le décès de Madame Schenchine, qui le
tenait du peintre lui-même. Appartient à
M. Raoul d'Hotelans, château de Novillars.
Toile, hauteur 0ᵐ31, largeur 0ᵐ57.

*Un soir à Bougival* (Effet d'incandescence du
soleil couchant). Sur la Seine, un canot à
voile ; à droite, groupe de canotiers mêlés
aux canotières. Vendu en 1881.

*Le lac Léman*. L'autre rive du lac tranquille s'entrevoit à travers des bandes de nuages gris et blanc pur. Bizarre effet de lueurs rouges.

*Une clairière*. Vieux arbres avec ruines tombant de roche en roche.

*Ruines du Château de Montron*. A Mademoiselle Courbet.

*Etude de châtaigniers* (Au fond un coin du lac). Vendu en 1881.

*La Loue* (Etude). Vendu en 1881.

*Le Puits noir* (Etude). Vendu en 1881.

*Vue de sapins*, prise de la route de Pontarlier, aux Fourgs. A M. Bouvet, de Salins.

*La cascade du Gouz de Conches*, environs de Salins. A M. Bouvet.

*Paysage*. A M. Martin-Brey, à Besançon.

*La roche du Mont, à Ornans*. A Mademoiselle Courbet.

*En forêt*. A M. Latouche.

*Vallée de Bonnevaux*. A Mademoiselle Courbet.

*Bougival* (Esquisse). A Mademoiselle Courbet.

*Marine*. A Mademoiselle Courbet.

*La Vague, le lac Léman*. A Mademoiselle Courbet.

*Marine*. A M. Eugène Cusenier.

*Puits noir*. A M. Ulysse Cusenier.

*Vue de la Méditerranée.*

*La Trombe.*

*L'Orage.*

*Les dunes de Deauville.*

*L'écluse de la Loue.*

Paysage (Etude). Hauteur 0^m52, longueur 0^m63.
    Au musée de Rouen.

Vue prise en Suisse. A M. Blanc.

*Le ruisseau couvert.* A l'impératrice Eugénie.

*Roches noires à Trouville.*

*Lever du jour* (1^m60, 0^m90). Paysage près d'Or-
    nans. A M. Emile Huber, ingénieur à Sarre-
    guemine.

*Sources de la Loue* (1^m10, 1^m55). à M. E. Huber.

*Remise de Chevreuils* (hauteur 0^m65, longueur 0^m82).
    Aux pieds d'un rocher garni de trembles et
    de bouleaux, une mare d'eau. Au centre trois
    chevreuils. Tableau ayant été roulé et emporté
    en Suisse après la Commune. A M. E. Huber.

*La vallée du Guil* (0^m82, 0^m65). A M. E. Huber.

*Etretat* (1^m60, 0^m90). Mer transparente, beau ciel.
    A M. E. Huber.

*Le glacier* (0^m40, 0^m30). Forêt, ruisseau, monta-
    gnes couvertes de neige. A M. Huber.

# PORTRAITS

## (SANS DATE)

—

Portrait de Courbet (Dessin). Le peintre est debout. Paysage. à Mademoiselle Courbet.

Portrait de femme (Etude). A Mademoiselle Courbet.

*L'homme à la pipe* (Portrait de Courbet par lui-même). Il est vu de face, les yeux à demi voilés, tenant à la bouche une pipe qui semble prête à s'en échapper, tant la béatitude du fumeur est grande. Appartient au musée de Montpellier.

Portrait de M. Gauthier. A M. Gauthier.

Portrait de Mademoiselle Juliette Courbet. A Mademoiselle Courbet.

*L'homme au casque.* A M. Julien Degoumois.

Portrait de M. Pasteur. A la famille Pasteur.

Portrait de femme tenant un perroquet. Appartient au Docteur Seymour.

*La Somnanbule* (Etude d'après une femme aux yeux
de voyante). Vendue en 1881.

Portrait de M. Marlet. (M. Marlet, un des amis
du maître lit des papiers sur le dos desquels
Courbet a mis en guise de signature ses ini-
tiales G. C. Vendu en 1882.

Etude pour le portrait en buste de Berlioz. Vendue en 1881.

*Blonde endormie*. (Etude de blonde adossée à son
oreiller. Une draperie est jetée en travers de
ses jambes. La main retient un voile sur la
poitrine. Vendue en 1881.

*Courbet à Sainte-Pélagie*. (A la ville d'Ornans.)
Courbet est assis, fumant sa pipe à côté
d'une fenêtre d'où l'on voit une des cours de
la Conciergerie.

Portrait d'Io, la *Belle Irlandaise*. Appartient à
Madame Trouillebert.

Portrait de Mademoiselle Zélie Courbet. A Mademoiselle Juliette Courbet.

Portrait de Courbet. (La tête seulement sur pan-
neau.) A Madame Chaboz, à Ornans.

Portrait de Mademoiselle Courbet, à l'âge de
sept ans. A Mademoiselle Courbet.

Portrait de Mademoiselle Courbet, à l'âge de
huit ans. A Mademoiselle Courbet.

Portrait de Courbet couché sous un arbre. (Remarquable de couleur.) A Mademoiselle Courbet.

Portrait de Courbet. A M. Antonin Proust.

Portrait de Mademoiselle Courbet. A Mademoiselle Courbet.

*La dame de Munich ou la dame sur la terrasse.* (Femme assise dans le parc de Munich.) A Mademoiselle Courbet.

Portrait de Mademoiselle Béatrice Bouvet. A M. Bouvet, de Salins.

Portrait de Rembrandt, copié à Munich. A Mademoiselle Courbet.

Portrait d'Arthur Stevens. (Hauteur o^m94, largeur o^m86.) Au musée de Bruxelles.

Portrait de Velasquez. A Mademoiselle Courbet.

Portrait de femme, copié à Munich. A Mademoiselle Courbet.

*Femme blonde endormie.* A Mademoiselle Courbet.

Portrait du peintre par lui-même, à l'âge d'environ trente ans. En buste, de trois quarts, regardant à gauche, cheveux et barbe noirs ; imitation des maîtres espagnols. Donné en 1883 par Mademoiselle Juliette Courbet au musée de Besançon.

Portrait de la Comtesse K.

Portrait de Paul Chenavard. Musée de Lyon. Donné par M. Chenavard en 1882.

Portrait de Madame Loiseau. A M. Alfred Loiseau.

Portrait de M. Courbet père. A Mademoiselle Courbet.

*Tête de Madame Grégoire.*

Un portrait d'homme. A M. Bry, éditeur à Paris.

Portrait de Francis Wey.

Portrait de Madame F. Wey.

Portrait de femme. (Etude inachevée. Elle est de trois quarts, vêtue d'une camisole blanche. C'est le modèle qui a servi dans le tableau des *Baigneuses*.) Appartient au musée de Montpellier.

Portrait de M. Castagnary. A Madame Castagnary.

Portrait de Max Buchon. A M. Dufay, de Salins.

Portrait de Madame Max Buchon. A M. Dufay,

Portrait de Rochefort. (A M. Rochefort. Cet animal là n'a qu'une belle chose, disait Courbet. c'est sa mâchoire, il a des dents de cheval.

Portrait de Frédérich Lemaître. A Mademoiselle Courbet.

Portrait d'homme. A M. X. de Bordeaux.

Petit portrait de femme. A Marseille.

Portrait en pied d'un officier belge et de sa femme.
A Gand.

Portrait d'un officier hollandais  peinture exécutée
dans un bateau à vapeur sur le Rhin.

Portrait de M. Oudot, grand-père maternel de
Courbet. A Mademoiselle Courbet.

Portrait de M. Laurier.

Portrait de M. Grangier.

Portrait de Baudelaire. (Le poète vu de profil, la
pipe à la bouche, assis sur un divan, lit un
livre qu'il appuie sur sa table de travail. C'est
peut-être le seul portrait ressemblant de
l'auteur des *Fleurs du mal.*) Au musée de
Montpellier.

*La Guerreva.* (Portrait en pied de danseuse espagnole.) Au Casino de Bruxelles.

Portrait de Madame Ciocq. Vendu à Bruxelles
en 1891.

# TABLEAUX DE GENRE

## (ÉTUDES DIVERSES)

*Le départ.* (Une jeune fille agite son mouchoir en
   signe d'adieu. Un navire s'éloigne.) A Mademoiselle Courbet.

*Sieste champêtre.* (Deux jeunes filles dorment au
   pied d'un arbre.) Au musée de Besançon.

*Le suicidé.* A M. Lancy.

*Le bouquet.* Exposition de Bruxelles 1867.

*Fleurs sur un banc.* (Collection de M. Faure.)

*La blanchisseuse de Montreux.* A M. Elysée
   Cusenier.

*Cheval dans une écurie* (Etude). Vendu en 1881.

*La fiancée de la mort.* A Mademoiselle Courbet.

*Pierrot et Pierrette ou le Prêtre et le Moribond.*
   A M. Eugène Cusenier.

*Femme couchée vue de dos.*

*Chasse à Fontainebleau.* (Le peintre paraît s'être
   inspiré d'Alfred de Dreux. A Mademoiselle
   Courbet.

*Giotto dans l'atelier de Cimabuë.* A Mademoiselle
 Courbet.

*Esquisse de la Bergère bretonne.* A Mademoiselle
 Courbet.

*Christ au roseau.* A M. le Curé de Vennes (Doubs).

Etude florentine. A Mademoiselle Courbet.

*Tête de femme.* Exposition de Bruxelles en 1867.

*La Somnambule.* A M. Elysée Cusenier.

*Chasseurs rustiques.* A M. Baudry.

*Anglaises au bord de la mer.* A M. Baudry.

*Le Sommeil.* A M. Baudry.

*Intérieur d'écurie.* A M. Paschal.

*Femme aux perles.* A M. Castagnary.

*Femme cueillant des fleurs.* A M. Cotel.

*Danseuse espagnole.* (Peinture décorative.) Au
 musée de Bruxelles.

*L'aumône du mendiant.* A M. Eugène Cusenier.

*Chiens de M. de Choiseul.* A Mademoiselle
 Courbet.

*Deux scènes de mœurs.* (Dessins.) A Bruxelles.

*Dessin de Pierrot.* (D'après une scène du *Bras
 noir.*

*La grève.* A M. Georges Petit.

*Femme nue dormant près d'un ruisseau.* A M. Lauwick.

*Réveil de Saint Jérôme* (Ebauche). À Mademoi-
    selle Courbet.

*Le repas de la morte.*

*La dame au podoscof.*

*Les Sophiennes.*

*Les amants dans la campagne, sentiments du jeune
    âge.* A Mademoiselle Courbet. (Etude pour
    le tableau qui est au musée de Lyon.)

*Le renard à la neige.*

*Le cheval de course esquivé.*

*Tête d'homme* (Dessin). Vendu en 1882.

*Peintre avec sa palette.* Vendu en 1882.

*Jeune femme lisant.* Vendu en 1882.

Portrait de M. Urbain Cuenot. Vendu en 1882.

*Jeune homme assis.* Vendu en 1882.

*Le fumeur* (profil). Vendu en 1882.

Etude de main (crayon noir). Vendu en 1882.

*Le piqueur à cheval sonnant de la trompe.*

*Le chasseur allemand.*

*Une pochade,* d'après le peintre Bonvin.

*La jeune fille aux Mouettes.* (Elle porte sur son
    épaule trois mouettes attachées à l'extrémité
    d'un bâton. Figure vue de trois quarts.

*Le veau.*

*Cavalier dans la neige.*

*Un brigand.* A Mademoiselle J. Courbet.

*Remise de chevreuils.* (Deux chevreuils, l'un couché, l'autre debout.) Au musée du Havre.

*Le conscrit.*

*Le pêcheur à l'épervier* (clair de lune). Vendu à la
salle Drouot en juin 1882.

*Le raccommodeur de vaisselle.* A Mademoiselle
Courbet.

*Jeune mère* (croquis au fusain). Femme assise,
deux enfants sur ses genoux. (Au musée de
Besançon.)

*La sieste, deux jeunes filles endormies* (Fusain) Au
musée Gigoux.

*Les cancans, trois vieilles femmes causant.* Appartient à Mademoiselle Courbet.

*Cheval au repos.* A M. Gaudy.

*Les contrebandiers*

*Fleurs.* A M Julien Degoumois.

*Femme nue, assise, de profil, entourée d'arbres.* A
M. Calame, de Lausanne.

*Anglaise aux cheveux d'or.*

*Le départ pour la pêche*

*Le départ pour la chasse.*

*L'espagnole à la mantille.*

Une copie d'après la Hille Bobbe de Frantz Hals.

*Vigneronne de Montreux.* Vendu à la salle Drouot
en 1882.

*La dame du lac*. A Mademoiselle Courbet.

*La mort de Petit Pierre à Ornans*. Vendu à l'hôtel
    Drouot en juin 1882.

*La dormeuse*. A M. Bensusan.

*Femme endormie* (Etude).

*La liseuse*. A M. Ad. Reitlinger.

*Femme au perroquet* (Etude). A M. Fiorini, à
    Genève.

*Une dormeuse* (Tête d'étude). A M. Henri Hecht.

*Brune endormie*. Etude de femme endormie sur le
    dos. Derrière, un homme soulevant un linge
    est esquissé. Vendu en 1881, à M. Eugène
    Cusenier.

*Bergère assise dans la campagne* (Effet de coucher
    de soleil). Vendu en 1881.

*La sieste pendant la saison des foins*. (Groupes de
    faucheurs et animaux dorment à l'ombre des
    grands arbres). Etude pour le tableau appar-
    tenant à la ville de Paris.

*L'invalide d'Ornans* (Ivrogne décoré de la médaille
    militaire, attablé devant une bouteille et un
    verre). Vendu en 1881.

*La vendange à Ornans*.

*La villageoise au chevreau*.

*Les braconniers*.

*Les Louis d'Or*. A Mademoiselle Courbet.

*La Somnambule*(Etude). A Mademoiselle Courbet.

*Esquisse de la bergère bretonne.* A Mademoiselle Courbet.

*La chasse à la bécasse* (Printemps).

*La danseuse espagnole.* (Etude.)

*Chasseur retrouvant la piste.* A la Tour de Peilz. Vendu en 1882.

*Femme nue endormie.* A M. Bischofshein.

*Sentiments du jeune âge* (Première esquisse). A Mademoiselle Courbet.

*Baigneuse vue de dos.* A la Tour de Peilz. Vendu en 1882.

*Le pommier fleuri.* A M. Eugène Cusenier.

*La pauvresse du village.*

# SCULPTURES

Médaillon en plâtre de Madame Max Buchon. A
M. Dufay, de Salins. (L'original appartient à
Madame Max Claudet.

*Le pêcheur de Chavots*. A la ville d'Ornans.

*Helvétia* (buste en plâtre). A la Tour de Peilz. La
reproduction est au musée de Besançon.

A cette longue nomenclature nous devons
ajouter quarante marines, vingt tableaux de fleurs,
beaucoup d'études, de peintures inachevées, deux
cents paysages divers, et les vignettes ou illustrations de l'*Histoire anecdotique*, de la *Mort de Jeannot*, des *Curés en goguette*, du *Camp des bourgeois*
et de *Jean Bruno* ou les *Misères des Gueux*.

# UN AUTOGRAPHE DE COURBET

Plusieurs des amis ou admirateurs de Courbet
ont eu la pensée de suivre l'exemple des amis de
Proudhon et de Charles Nodier, de recueillir et
de publier tout ou partie de la correspondance du
maître peintre. Les années s'écoulent, et pas une
ligne n'a vu le jour.

Peut-être ont-ils pensé que mieux valait le
silence.

C'était du moins l'appréciation d'un des amis les
meilleurs de Courbet, de Champfleury, qui, le
30 décembre 1886, écrivait à M. Jules Dufay ces
lignes :

    « Cher Monsieur,

« J'ai lu immédiatement la copie des lettres de
Courbet à Buchon, et je comprends bien vos
scrupules.

« Ces lettres manquent de tout, ce sont des phrases inachevées et baroques.

« On remédierait facilement à la ponctuation, à l'orthographe ; impossible d'enlever les grossièretés, les personnalités, à moins de ne rien laisser dans cette correspondance.

« C'est presque toujours une faute que de publier la correspondance complète d'un homme célèbre ; il est rare qu'il n'y perde pas ; dans le cas actuel on blesserait bien des familles comtoises.

« Aussi bien ces lettres n'offrent pas un vif intérêt ; on y voit Courbet, ce que nous savions tous, se servant de la plume des uns et des autres pour mettre sur pied ce qu'il appelait « ses idées ».

« Je n'ai jamais voulu, malgré ma longue liaison avec le peintre, me prêter à ce commerce.

« La publication dont vous me parlez comme prochaine ne peut être que très remaniée ou arrangée ; ou elle sera donnée avec ses incorrections, ses incohérences, ses vanités qui dépassent toute mesure, et la réputation de l'homme en sera diminuée d'autant.

« Je ne connais pas M. X..., mais je doute que sa publication obtienne un grand succès.

« En tout cas je ne lui donnerai pas certaines

[lettre autographe, en grande partie illisible]

[...] je t'ai envoyé 500 f [...]

[...]

en attendant le plaisir de vous
voir toi et ta dame je vous
embrasse

Gustave Courbet.

lettres que je possède de Courbet et qui seraient accablantes par leur enfantillage.

« Vous, Monsieur, qui par votre position, êtes dépositaire de tant de secrets, vous a qui les hommes se montrent sans voiles, ce qui ne les rend pas plus beaux, vous deviez hésiter à livrer ces lettres à la publicité.

« Je suis tout à fait de votre avis ; je ne les publierai pas ; elles ne contiennent pas un trait utile pour l'histoire du peintre et de ses œuvres ; elles pourraient chagriner de braves gens. A quoi bon ?

« Voilà, cher Monsieur, mon impression bien sincère, que je vous prie d'agréer avec l'expression de mes meilleurs sentiments. »

Beaucoup de nos lecteurs partageront l'opinion de l'éminent critique.

Nous reproduisons en fac-similé une page d'une lettre de Courbet à Max Buchon.

# TABLE DES PHOTOTYPIES

# TABLE DES CHAPITRES



## CATALOGUE

MILLOT ET SES ŒUVRES. Besançon, 1857.

LA MAINMORTE. Besançon, 1865.

PARLEMENTAIRES AU XIII° SIÈCLE. Besançon, 1866.

LE PARLEMENT MAUPEOU Besançon, 1867.

LA FACULTÉ DE DROIT. Un vol. in-8°. Paris. Dumoulin, 1867.

LE DEVOIR. Limoges, Chatras, 1871.

RÉPUBLIQUE ET GUERRE. Un vol. in-12. Besançon, Jacquin. 1872

DISCOURS PARLEMENTAIRES. Besançon. Dodivers, 1879.

ESSAIS ET NOTICES. Besançon, Dodivers, 1879.

PORTRAITS FRANC-COMTOIS. Première Série. Deux vol. in-8°. Paris, Champion 1888.

PORTRAITS FRANC-COMTOIS. Deuxième Série. Un vol. in-8°. Paris, Champion. 1890.

RÉFLEXIONS D'UN INDÉPENDANT. Besançon, Jacquin. 1890

LE PARLEMENT DE FRANCHE-COMTÉ. Deux vol. in-8°. Paris, Picard, 1892.

XAVIER MARMIER. Un vol. in-8°. Paris. Champion, 1893.

JEAN GIGOUX. Un vol. in-8°. Besançon, Dumereau [illegible].

www.ingramcontent.com/pod-product-compliance
Ingram Content Group UK Ltd.
Pitfield, Milton Keynes, MK11 3LW, UK
UKHW020240180726
13839UKWH00001B/94